男の「嘘」の磨き方

いつか
Itsuka

あさ出版

まえがき

成功者はペルソナ（仮面）をかぶっている。
「嘘もつき通せば本当になる」――これが彼らの〝真実〟なのだろうか。

私の経験上、ナンバー2、番頭タイプの人間に、嘘つきは多かった。
彼らは外面《そとづら》がよく人気者タイプで、一見「とてもいい人」のように見える。
しかし相手に悪感情を抱かれることを恐れて、小さな嘘を重ねてしまう。
いい人か、悪い人かは別として、小物には違いない。成功者ではないのだ。

では、大物のつく嘘とは、どのようなものなのか？
彼らは、巧妙に嘘をつく。大きな嘘をつく。戦略的に嘘をつく。
自分を大きく見せるため、虚勢を張るために嘘をつく人もいる。

人をだます快感を追い求めているように見えることさえある。

もしかすると、彼らはいつも不安で、安堵を得られない状態にあるのではないだろうか。

孤独な闘いに明け暮れ、精神的に厳しい状況にある成功者にとって、「嘘」は必要悪なのではないかとさえ思える。

しかも彼らは、自分の心にも嘘をつく。そこからは、強い意思と冷徹な目的意識が見えてくる。

デキる男性にとって、嘘と真実は、紙一重のものである。実像と虚像の間を常にさまよっている。

それが彼らの本質だとすれば……いくら功利的で器用に、しかし大胆に嘘をついても、その心の中は空洞なのかも知れない。彼らの嘘は孤高なのだ。

本書では、デキる男性、成功する男性の「嘘」と「男女観」について掘り下げている。これらは、成功者の隠された本質を浮き彫りにできる重要ポイントであるからだ。

世界中、各界の成功者に接した体験をもとに、彼らの行動原則や具体例、私なりのオリジナルな考察を提示したつもりである。

これから成功を手に入れようとしている人たち、あるいは成功者を理解しようと思っている読者の参考にしていただければと思う。

いつか

第1章 成功する人間は、「非情」と「裏切り」を心得ている

第2章

男には、「ニセモノ」と「ホンモノ」の二種類がある

第3章 モテる男は、「本気」と「ソノ気」を使い分ける

第4章

強い男と女には、「不純な動機」と「強がりの美学」がある

第1章

成功する人間は、「非情」と「裏切り」を心得ている

「成功」は、「略奪愛」に似ている

近年、何かと話題になっている不倫だが、不倫を成就させると、世間から「略奪愛」と呼ばれることになる。

友達や兄弟などの恋人を奪う「略奪愛」もあるだろう。そこには、奪われた側の人間、つまり「被害者」がいる。

「略奪した者」は、「被害者」から確実に恨まれる。

そのうえで、それでもがんばれる、そんな恨みははねのける、というのならば、突っ走ってみるのもいいだろう。

しかし略奪にはリスクがある。

せっかく略奪しても、浮気関係のときには見えていなかった彼女の実体と直面して、たちまち幻滅する場合もある。

それが第一のリスクである。

略奪した者は、かつて歯牙にもかけなかった「恋人」「夫」の座についたとき、初めて、略奪された者の気持ちがわかるようになるという。手に入れた彼女には、「前」があるのだ。

略奪したはずの自分が、今度はいつ「略奪される側になるか」と、不安にさいなまれてもおかしくない。

それが、第二のリスクである。

要は、略奪愛を達成したとき、あなたに罪悪感があるか、ないか、だろう。

「彼に悪いことをした、いまでも恨んでいるのではないか？」

いつまでも、そんなふうに悩まされるようなら、「略奪愛」を成就しても幸せにはなれない。

さて、ここまで読んで気づいた読者もいるだろう。

ビジネスも同じ。

「成功」は、競合他社からの「略奪」であり、周囲に「被害」をもたらすことが多い。だから、成功すればするほど恨みを買う。仲間だと思っていた人間からは「嫉妬《しっと》」される。得れば失うものがあるのは、世の習いだ。

「成功」してみたら、それを維持することがそんなに甘くはないという現実を思い知ることもあるだろう。あなたの成功を「略奪」しようとねらっている輩《やから》もいるだろう。「成功」を維持するためには、人を裏切らなければならないこともある。その結果、友達を失うこともあるだろう。

成功は、試練でもあるのだ。

男女の仲もそう。幸せなカップルの陰には、男性側と女性側、それぞれふられて悲しんでいる人が何人いるのだろうか。嫉妬の気持ちから、「別れてしまえばいいのに」などと思っている人もいるはずだ。

自分の幸せが、万人の幸せに結びつくことは少ない。むしろ、幸せの周囲には、犠牲になった人の不幸や、幸せになれない人間の妬《ねた》み嫉《そね》みが存在する。

成功も同じ。

程度の差こそあれ、誰ひとり傷つけることなく成功することなど、この世ではありえないということを肝に銘じよう。

さて、あなたには、その覚悟がありますか？

成功すれば「恨み」を買うことを覚悟せよ。

一流のリーダーは、「断言」する

あなたは、「……けど」が口グセになっていないだろうか？

あるいは、「こういう考え方もありますね……」

あるいは「○○と思ったりして……」など。

日本語は、最後まで聞かないとわからない。「……です」なのか、「……ではない」なのかは、最後に決まる。

だから、語尾をぼかしたり、「……けど」「……かも知れない」と、主張をあやふやにして、最後までしゃべり切らないクセのある人は、あとでモメます。

たとえば、

「お引き受けしてもいいと思っているのですけど……」

発言した本人は、「引き受けたとは言っていない」という認識。

でも聞き手は語尾の微妙なニュアンスまで感じておらず、「引き受けてもいい」という意味で聞いているかも知れない。

自分が言った言葉に、最後まで決着をつけられない人。

でも実際、そういう人は多いですよ。

一流のリーダーは、わざと話をぼかして、相手を煙に巻く高等技術も駆使するが、やはり基本は断言口調。眉唾《まゆつば》ものの話でも、胸を張って持論を展開する。

堂々と断言口調でつく大きな嘘。

だから人は信用し、ついてくる。

成功したいなら、まずは話し方に注意しなければならないだろう。

あなたがあいまいな話し方をするクセを持っているなら、断言口調で話すように変えていこう。

ただし、「言霊《ことだま》」と言われるように、言葉には力があるから、慎重に扱わなければならない。たった一言で、それまで築き上げてきた信頼関係が一気に崩壊するケースもある。

ここで笑い話を一つ。

ある男がいよいよ臨終となったとき、妻に「お前でよかった」と言い残した、という美談がある。

それを聞いたとある落語家が、「俺も死ぬときは、それでいこう」と考えた。

いよいよ死に際に彼は言った。

「お前もよかった」

妻は怒った！

優れた政治家や経営者は、一般人には想像もつかないほど、発言に神経を使う。政治家には失言・放言がよくあるが、じつは首相クラスになるとあまりない。

大物であればあるほど、内言（頭のなかにある言葉）と外言（発する言葉）を厳密にセルフコントロールしている。そして口にするときは断言。

本当のことは内言、大嘘が外言。

失言・放言があって、しかもとがめられると前言を翻《ひるがえ》す時点で、その人間は「大物ではない」「このポストが限界」ということになる。

ホンモノの大物は、失言・放言さえも、「リーダーらしい頼もしい発言」にしてしまう、パフォーマンスの達人と言えるかも知れない。

失言・放言をするのは、結局は小物である。

大物は、「大きな嘘」を堂々とつく

私はこれまで、たくさんの「男の嘘」を見聞きしてきた。中には、「男芸者」や「太鼓持ち」に転職したほうがいいのではないか、と思うほど、「嘘」が芸の域に達している経営者もいた。

嘘にもいろいろある。

小さな嘘だったら、子供でもつく。場当たり的に誰でもつけるし、実際、誰もがついたことがあるはずだ。

むしろ子供が成長する過程において、嘘が必要な時期もある。

だが大きな嘘は、違う。戦略的でなければならないし、度胸がなければつけるものではない。

大きな嘘は、普通の人ならば、〝ビビる〟。

大きな嘘を堂々とつけるようであれば、あなたも立派な「大物」だ。

テレビで風船アートの達人がレクチャーしていた。

「まずは風船をバンバン割ってください！」

参加者は恐る恐る風船を割り始める。

「もっと、もっと！」

達人は容赦がない。

「このポイントはまず風船を割り、音に慣れてもらうことです」

人間の感度はいとも簡単に麻痺し、やがては風船の割れる音に、ビクともしなくなるという。

恐れ怖がるのはまわりの人たち。

風船が割れる怖さに慣れる――。

嘘もまた同じかも知れない。

慣れて快感の域に達すれば、もう何度でも絶頂を味わいたくなり、やがて感覚が麻痺し日常化する。麻薬のようなものだろう。

まず、ありえないようなデカいこと（大嘘！）を言い放って「この人は何者!?」と周囲に思わせ、そのあと現実的な計画をしっかりと説明することで相手を陶酔させ、納得させるという技の使い手もいた。

大きな嘘、計画的・戦略的な嘘、とっさの機転によるうまい嘘をつけば、男を〝上げる〟。

子供騙しの小さな嘘をつく人は、その場を取りつくろうことしか頭にないから、嘘に嘘を重ねていかねばならなくなる。

最後には見破られて、男を〝下げる〟。

同じ「嘘」でも、結果は天と地である。

大きな嘘をつく度胸がないなら、最初から嘘はやめたほうがいい。

小さな嘘を重ねて信用をなくすくらいなら、〝真面目に正直に誠実に〟生きたほうがずっといい。

小さな嘘を重ねる男は〝相手にならない〟。
大きな嘘をつく男は〝信用ならない〟。
しかし本物の成功者は〝大きな嘘をつく〟。
ということです。

男を〝上げる〟嘘と、
男を〝下げる〟嘘がある。

デキる男は、「言わなくてもわかるだろう」とは思わない

私はことあるごとに書いているのだが、

「沈黙は〝金〟ではない、〝無能〟である」

以心伝心で、「自分の思っていることが相手に通じている」「相手のことは私がいちばんよくわかっている」なんて、甘～い幻想である！

仕事でも、家庭でも、恋愛でも、「なぜあのとき言ってくれなかったんだ？　言ってくれれば何とかなったのに」ということがあるでしょう？

「言わなくても大丈夫だと思ったから」

「言えば不愉快な思いをするんじゃないかと思って」

でも、伝えなかったことが相手にとっては大事な情報だったり、たとえ酷なことでも言ってあげたほうが、相手のためになることもたくさんある。

「言わなくてもわかるだろう」と思うのは、日本の男性の悪いクセだ。

長く連れ添った夫婦だって、熱愛中のカップルだって、〝言わなければ、伝わらない〟。

多くの男性は、好きになった相手の前では、たとえ無口な人でも一生懸命に話して相手を振り向かせよう、自分を知ってもらおうとする。

ところが恋人になったり、結婚してしまったりすると、とたんにしゃべらなくなってしまうことが多い。

「私をわかってもらおう」「あなたをわかりたい」という気持ちが薄れるのだろう。

本当は親密な関係になってからのほうが、相手のことをより深く理解しなければならないのに。

仕事でも恋愛でも、コミュニケーションギャップをなくすためには、「沈黙の壁」を壊して、言うべきことは言わなければならない。

仕事のデキる人に、以心伝心を信じ切っている人はいません。

本音をめったに言わない成功者がいる。彼は、ある特定の人にだけ、心の底の底まで見せる。

どんなに冷徹非情な人間でも、人間であることには違いない。感情がある。本音を口にしたい瞬間だってあるのだ。

私はその本音を聞いたことがある。

ただし、ここが成功者の怖いところなのだが、「本音を口にする」ことがどんな効果を生むかも知っている。計算している。

仕事の関係者に対しても、特別な関係にある女性に対しても、それは同じ。

「これだけあなたを信頼しているんだから、味方になってくれるよな」

「裏切るようなことがあったら許さないぞ」

相手を縛る、拘束する、支配（所有）する。

彼の本音とは、そういうことだった。

もちろん、彼は自分ではそう言っておきながら、ビジネスのためならば人を裏切る達人であることは言うまでもない。

強者で通っている成功者が、「俺、本当は自信がないんだよな」などと、かたわらの女性に甘えることがある。

そのギャップに、女性は魅了される。

成功者は、そんな「魔力」の巧妙な使い手でもある。

成功者の「本音」は人を縛り、支配する。

成功者は、〝笑顔で〟裏切る

とあるラテン系の成功者は、陽気でとても感じがよく、あらゆるパーティーに顔を出し、いろいろな遊びの誘いにも乗り、誰とでも分けへだてなくつきあえる人気者だ。

それだけに、「使ってやってくれ」「話を聞いてやってくれ」「会員になってやってくれ」といった類の紹介も多い。

このラテン系の人気ある経営者が、非情なる裏切りを〝軽々と〟する。

「クレジットカードを作ってほしい」と頼まれている現場に居合わせたことがある。

彼は満面の笑みで「いいですよ」と言い、その場で申込書を書いてしまった。

そのあと彼と二人になったとき、

「いいの？　あんなに簡単にカードを作っちゃって。きりがないでしょう？」

と聞くと、彼はやはり満面の笑みで、

「いいんだ。全部入って全部やめるから」

とあっさりと答えた。

つまりはこういうことだ。

「こんなに気持ちよく入ってくれるなんて、なんていい人だろう」

と相手に思わせておいて、後日、カード会社に直接連絡して退会する。

入会のときと担当者が違うからバレるまでに時間差があるだろうし、バレたところで、「本当は嫌だったんだなあ」とわかってもらえれば、それで結構。

それでも稀《まれ》に、「どうしてやめたんですか？」と直接聞いてくる人もいるそうだが、

「そこまでやる人間は要注意人物」だとか。以後のおつきあいはなし。

また、成功を目指す人のための自己啓発セミナーを主催していて、いつも満員御礼の大盛況。そこで彼は、成功哲学を説いている。

そんな彼が、バーで飲みながら、私にだけポツリとつぶやいた。

「夫婦仲が悪いんだけど、俺の場合、別れられないんだよね。だって、それじゃあ成功哲学じゃなくて、失敗哲学になっちゃうから」

妻への気遣いではない。離婚しないのは、あくまで「成功哲学」のため。

〝非情なまでにブレない〟尺度を持っているということ。

そこまでいけば、あっぱれ、お見事！

お調子者だが、なぜか憎めない彼とは、どうやら長いつきあいになりそうだ。

デキる男は〝非情なまでにブレない〟尺度を持っている。

男と女は、バランスとパワーゲームで成り立っている

「恋愛している女性はキレイになる」というが、かならずしもそうではない。

たしかに、彼との関係が順調ならば、女性はどんどんキレイになっていくのが普通。

けれども、一方で、彼がいても変化のない女性もいる。

それどころか、表情が暗くて元気がなく、肌も荒れて、どんどん冴えない女になっていく場合もある。

恋愛している女性が、なぜか冴えなくなっていくのは、つきあっている彼が「サゲ男」だから。

逆に、どんどん魅力的になっていくようなら、その彼は「アゲ男」。

仕事仲間の男性に、こんな人がいる。

「僕とつきあった人は、みんなキレイになって、そして離れていくんだ」

彼は、ちょっとした「アゲ男」のようだ。ふられてしまう彼には気の毒だが、どこかボランティアみたいでおもしろい。

アゲ男は、男性にとっての「あげまん」（つきあっている男の運気を上げる女）と同じ。

ちなみに成功者は、ゲン担ぎを重視する。自分がいつ攻撃されるかわからない、いつ足もとが崩れるかわからない、という緊張のなかで生きているために、「運」というものの本質をよく理解しているのだ。

だからこそ、ゲンを担ぐ。

昔、中国では、戦争を始めるとき、一族同士でマージャンをさせて勝った男の「運」に乗り、さらに、アガリを見て軍の配置を決めた、という。いちばん「運」のいい人の運勢の波に乗るのだ。

ある営業の女性が、何をやっても成績が悪いとき、月収何千万円の、明らかに勝ちに乗っている男とつきあった。そしたら効果はてきめんで、みごとにトップ営業になった、という。

「アゲ男って、本当にいるのねぇ」と、しみじみ言っていた。

つきあう女性がキレイになったり、キャリアアップしていくようなら「アゲ男」。つきあう女性が冴えなくなってきたり、仕事に身が入らなくなるようなら「サゲ男」である。

成功したい女性にとってはもちろん、アゲ男のほうがいいのだけれど、男の側に立って考えてみると、別の見方ができる。

アゲ男自身が、強運で勝ち組とはかぎらない。

自分は成功を目指さず、女性に尽くしたり、女性をバックアップすることに長けている男がこの世の中にはいる。

世界的な芸術家や一流の経営者、流行作家を妻に持った夫は、その典型だろう。ヒモと陰口を叩かれるかも知れないが、それはそれで、〝いい人生〟。

ある意味、〝強運〟とも言える。

一方、野心があり、成功欲求が強い男にとっては、女性は二の次、となる。だから成功したくてたまらない男は、女性にとってはサゲ男になる可能性が高い。

本当は夫よりも才能があるのに、勝ち組エリートとつきあってしまったばかりに、仕事をやめて、転勤族の妻となってしまった女性。

それで幸せならいいのだけれど、

「こんなはずじゃなかった。私の人生はもっと違っていたはずだ」

と女性が思ったら、「勝ち組エリート」の男性はサゲ男である。

仮に最初から専業主婦志望でも、上昇志向の強い成功者を夫に持った女性が、幸せになるとはかぎらない。

複数の愛人がいたり、ほとんど自宅には帰らず別宅泊まり、なんて成功者は、枚挙《まいきょ》にいとまがない。

そんな男と結婚した妻は、お金があるからキレイに着飾り、立派な邸宅に暮らす。

でも心の中は貧しく、恨みつらみでいっぱいなのだろう。

一見幸せそうで、よく見ると不幸な顔をしているお金持ちの奥様を私はたくさん知っています。
お金と引きかえに、自由を売り渡したのかもしれませんね。
あなたは、彼女を応援する「性格円満なアゲ男」?
それとも、彼女は二の次の「野心満々のサゲ男」?

勝ち組の男が女にとって「アゲ男」とは限らない。

危機管理の達人は、絶頂期に「幕の引き方」を考えている

ハリウッドのスターたちに、学ぶべきことがある。

彼らは結婚前に、別れたときの慰謝料や条件を、あらかじめ決めておく場合があるそうだ。スターにかぎらず、アメリカではよくあることらしいのだが。

あるハリウッド・スターたちの結婚がなかなか決まらなかったのは、離婚時の条件でモメたためらしい。ある女優にいたっては、彼女のほうに別れグセがあるから、つきあった年数に見合った金額を彼女のほうが別れるときに支払うということになっていたとか。

だから、ハリウッドのスターたちは、長年つきあっていてもなかなか結婚しないし、

同棲の期間が長いのだろう。

いざ離婚会見となっても、

「彼女とは、いまでも親友です」

「子供にとっては、すばらしい父親よ」

などと、自分たちのことには触れないで、ウイットに富んだ会話で、冷静にコメントをする。

ハリウッドのスター同士が、別れたあとに相手をけなすのを、あまり聞いたことがない。もしかすると、それも「別れたときの条件」に入っているのかも知れない。

日本の感覚ではピンとこないが、ハリウッドでは普通のことだそうだ。

あるパーティーでお会いした芸能プロダクション社長から、こんな話を聞いた。

日本では、蜜月のときは、盛り上がるだけ盛り上がる。悪くなったときのことなど考えもしない。

はじめに肝心の話をしないから、いよいよとなったとき、お金でモメたり、感情的な泥仕合をすることになる。

たいていの日本人は、リスク・マネジメント（危機管理）がヘタだ。

ビジネスでも恋愛でも、アメリカは多民族国家だから、人々の間に明確なルールを持つ必要があり、リスク・マネジメントを第一に考える。

はじめに契約書ありき。そこには、あらゆる可能性についての対処法があらかじめ書いてある。

そうすれば、何が起きても紳士的に対応できるというわけだ。

別れるときは、お互いイヤな部分しか出てこないのだから、仲がよくて思いやりがあるときに、冷静に話し合って、幕引きのときの条件を決めておく。そのほうがモメないので、別れたあとも紳士的な関係を続けられるだろう。

日本でこんな話をすると、すぐ、

「おめでたいときに縁起でもない」

「人間はお金じゃない」

などと反発される。

でも、実際はどうですか？　まわりを見てみれば？

養育費だとか慰謝料だとか住宅ローンだとか、お金の話でモメている夫婦がなんと多いことか。「離婚は結婚の三倍のエネルギーを使う」というけれど、その多くは感情のもつれやお金の問題に費やされている。テレビ一台で、殴り合いのケンカになることもあるらしい。

そんなことにエネルギーを使うなんてナンセンス！

エネルギーは次の出会いに使わないと。

厚生労働省の調査（二〇一六年）では、一年間で約二十一万七千組のカップルが離婚しているのだ。

契約とまではいかないまでも、結婚する前に、別れた場合の条件をじっくりと冷静に話しておくことが大事だと思う。

私の知る成功者の中には、そのあたりの処理がうまい人が少なくない。

愛人契約なんて最たるもの。金額などの諸条件は〝口頭で〟しっかり決める。別れるときは、アメリカなんかとは比較にならない低額の手切れ金でOK。

口説き落としたときから、そのように相手を〝教育〟しているのだ。

やがては相手の気持ちを裏切ることを前提に。

もし愛人が納得しなくても、日本なら、「あなたが好きでつきあったんでしょう」で終わり。そのように話を持っていくための〝敏腕弁護士〟を抱えていたりもする。

非情な成功者にかかれば、結婚だって同じようなものである。

愛人も妻も、大差がない。モメればさっさと裁判沙汰に持ち込み、そのときにはもう次の相手を見つけている。

昔ながらの艶福家《えんぷくか》なら、家庭を維持しつつ、愛人についても一生面倒をみることもあった。死後に、愛人とその子に財産の一部を遺す大物もめずらしくなかった。妻も承知のうえ。その代わり、妻のほうは、愛人に時候の贈り物などの手配をさせるなど、奇妙な関係をつくっていたりする。

けれども、最近の大物と言われる人たち、たとえば政治家や経営者は小粒になったせいか、そうはいかないようだ。だからこそ、妻とも愛人とも、きちんと契約を交わしておく必要があるのだ。

あなたは、冷徹な大物を目指す？

それとも、男の本能のままに、計画性もなく多くの女を渡り歩く色男を目指す？

ちょっと成功して小金を手にしたとたんに、モテなかった男にも女が寄ってくるようになる。

有頂天になって、計画性もなく遊びまくって、やがて女たちに愛想をつかされ、家庭も会社もぐちゃぐちゃに……なんてことのないように。

できる男は「別れ話」でモメたりしない。

「待つ女」を切れない男は成功しない

一時期、仕事でかかわっていた男性の話である。

やり手で通っていた彼には、長年つきあっている、ちょっと年上の彼女がいた。てっきり、いずれ結婚するのだろうと私は思っていた。

でも、彼には全然その気がなかった。

彼女が三十歳になったころ、「一体どうするんですか?」と彼に聞いたら、「三十過ぎたら、女も一人で自立して、生きていけるでしょ」と言い放った。その後、彼は彼女を捨て、しばらくして別の若い女性と結婚した。

「なんてヤツだ」と思う。

しかしもうその気がないのなら、だらだら付き合っているほうが罪悪である。「あと二年」とか、「三年後にはきっと」などと、決定を先延ばしする男性は信用できない。一年以上先の約束は、本気ではないと思って間違いない。その場しのぎで言い逃れしているだけである。

女性から攻撃されたり、泣かれるのが嫌で、正面から向き合えなくて逃げている。そういう男は、成功者にはなれない。

最近では、この逆パターンで、結婚する気がない女が、男を待たせるケースも増えてきているらしい。しかしそれでも、

「男性の一年は、女性の三年に相当する」

という現実は、今もある。

「長すぎる春」からこじれて、女に本当に「刺されてしまった男」を私は二人知っている。刺された瞬間、人間は、「痛い」のではなく「冷たい」と感じるそうだ。怖い話だ……。

いずれにしても、グズグズと関係を断ち切れない「長すぎる春」は、女性にとって

間違いなく不利である。

でも世の中には、「待つ女」がたくさんいる。

「あと二年」とか、「三年後にはきっと」などという優柔不断な男の言葉を、本気で信じているわけではなく、信じたいから信じている女性だ。

男から結婚を申し込まれるのを〝待つ〟。男が離婚するのを〝待つ〟。夫が愛人と別れて妻である自分の元に戻ってくるのを〝待つ〟。

追い込んで本音を言われるのが怖いから、とりあえず、「待つ」。ド演歌の境地である。

そういう「待つ女」と「尽くす女」は要注意である。関係が冷めたときに、トラブルを引き起こしやすいからだ。

「あんなに尽くしたのに」と恨まれたり、「私の人生を返して」などと攻撃されたりしかねない。

「女性問題」と、あなどってはいけない。

あなたにとって大した問題ではなくても、ライバルたちはそれらを武器に、あなたの足を引っぱろうとするだろう。

早々に、決着をつけたほうが身のためだ。

それとも、「情があるから、冷たくはできない」？

もちろんそれも、一つの選択。

ところで、女の側から言えば、「待つ女」「尽くす女」で成功した女性を私は知らない。仕事についてもそうだし、男についても同じ。

実際、約束の二年後にはまた二年後と言われ、ズルズルと引き延ばされ、捨てられるのがオチです。

成功者はいつまでも女性を待たせない。

ノーリスクはノーリターンである

「人は、その人のすべてとはつきあえない」

ある女性経営者が私に教えてくださった言葉だが、これはなかなか深いと思った。

そんな原理のなかで、恋愛でもビジネスでも、人は人とつきあっていく。

さて、とても美人で人柄もよく、いつもおモテになる友人がいる。でも彼女、なぜかどうしてか、バツ2。二回離婚している。

その彼女が、経験と知恵を活かして、オリジナルの「4シーズン・ルール」というものを作り上げた。

誕生日や記念日に何をしてくれるか。ごちそうしてくれるときや、プレゼントをくれるとき、みみっちくケチじゃないか。どれだけ優しい言葉をかけてくれるか。困ったとき相談にのってくれるか。

さまざまなチェック項目を作り、「4シーズン」で相手を観察するのである。

一年を通して見ていけば、四季折々の催し事や誕生日、記念日など、いろいろなツボがあり、それについての彼の対応を見ることができる。

欧米では、結婚は「24 HOUR WORK」と言われており、生活のすべてを注ぐものなのだそうだ。とすれば、このくらい慎重になるのが当然かも知れない。

そして見事にお眼鏡にかなった彼氏が、いまの旦那様。少し年下の、性格も見かけもイイ男をゲットした。

もちろん、これで百パーセントうまくいくわけではないが、少なくともリスクを最小限にする方法には違いない。表面的な優しさや演技を信じてしまうと、騙される。

知り合いに、結婚直前で破談になった、かわいそうな女性がいる。

「なぜでしょう。本当に惨めです」と電話口で号泣していたが、どうも前々から男の実体が見えなかった。男の側に積極性が感じられなかった。

聞けば、そのお相手はSNSで知り合った遠方の人だという。ネットでの出会いが悪いとは思わないが、このケースは、じつにお粗末な結果となった。

人間というものは、リアルでとことん観察してみなければ、わからない。とくに嘘をつく人間については、一度は「深い関係」になってみなければ、嘘の法則を知ることができない。

深い関係と言っても、男女の関係のみではない。激論を交わすでもいいし、ケンカでもいい、一晩飲み明かすのでもいい。同じプロジェクトで一緒に仕事をしてみる、というのでもいい。

そもそも、人間観察力や人間関係力は、ネットでは身につかない。

傷つけたり傷つけられたり、裏切られたり裏切ったり、助けたり助けられたり。そういうリアルなかかわりの中から磨かれるものだ。

人と深くつきあうことを恐れてはいけない。

深い関係のなかで傷つけられることがあっても、そこから相手の本音も嘘も、強さも、弱さも見えてくる。そこに人と交わる楽しみや喜びがある。

他人と距離を置いた、お気軽でお手軽な生き方をしていると、楽しみや喜びも、お手軽で終わってしまう。

「人生」というものは正直だ。

軽く生きていれば軽い答えしか返してこない。ノーリスクはノーリターン。

逆に、真剣勝負で生きていれば、それなりの答えが返ってくるものだ。

女性でも、お見合いで断るときの常套句があるでしょう。

「私にはもったいないお方で……」

「申し訳ありませんが、私では不足かと……」

リアルでかかわったことのない人間との関係は、この程度ですむ、ということだ。

あなたは恋人とのやりとりを、SNSで手軽にすませていませんか?

返事が来なくなればフェードアウト、ついにはスマホまで変えられたりして。

メールでプロポーズした男性がいたそうだ。それまでのやり取りがすべて証拠になるからと、保存していたという。その了見がいやらしい。

せめて別れるときはメールにしないでほしいと言うアイドルもいた。

そんなふうに、簡単にワンウェイで人間関係を解消できるなら、人生、ラクなものである。でも、そういう人間関係に慣れてしまうと、まともなコミュニケーションができなくなる。

コミュニケーション力がなければ、ビジネスもできません。成功なんて、とんでもない。

人生経験の豊富な人間のほうが、人のことを理解できる。傷や痛みを理解できる。

そして、人や社会の裏・表もわかるようになる。

それをどう使うかは、あなた次第です。

人間、一度は「深い関係」に なってみなければわからない。

裏切りと嘘に負けない人間だけが成功をつかむ

成功、裏切り、嘘……と言えば、芸能界を忘れてはならない。持って生まれた才能や容姿に加えて、厳しい競争に勝ち抜くためのタフな精神力も求められる。

この世界で成功するのは一握り。さらに、その成功を長持ちさせることができるのは、さらにその一握りの人にすぎない。

ある飲食店で人気者の従業員が亡くなり、その追悼の会に私も顔を出した。

マスコミや芸能界からも、たくさんの人がやってきていた。

旧知の男性、アイドルグループのメンバーと再会し、懐かしさで乾杯した。

カラオケの喧騒のなか、突然彼が私の横でグチりだした。

「本当にあいつの嘘で固めた汚いやり方には、ほとほと嫌気がさしてきた」

メンバーのなかのリーダーのことだ。彼らの仲が悪いのは前から知っていたが……

まぁ、メンバーやコンビの相方との不仲は、よくある話だ。

嘘で固めた虚飾の世界。一般人には見えないけれど。

話は、異性問題にも及んだ。

「ファンとはゼッタイにつきあっちゃダメさ」

「うちの社長がアイドル同士ならいいって。ファンは素人だし、何をやらかすかわからないからだろうな。実際思い込み激しくて怖いし」

同業者ならば、お互いに〝嘘で固めている〟からラクなのだ。

暗黙の了解ということ。ザ・芸能界！　は、夢を売るのも大変です。

芸能界のエピソードをもう一つ。

独立したてのPR会社の女社長に、その世界のドンを紹介してあげたことがある。

その女社長のセリフがこれ。

「いつかさんにご紹介いただいた会長、銀座ですごい人気ですね。名刺一枚、百万円の価値があると、もっぱらの評判ですよ」

「百万円？」

その瞬間、私の目が彼女をにらんだ。

「リッチなお酒も飲めるし、つまりは力がある。業界では泣く子も黙る魔法の名刺ですって」

彼女のためにと好意で紹介してあげた私の真心に対し、「百万円の名刺」とは。しかも、「あちらこちらで重宝されている」というのだから、会長の名刺をあちこちで見せびらかして「懇意にしている」みたいな嘘を並べたのだろう。

重宝しているのはあなただけでしょ。そんな話、銀座で飲む人はひけらかさない。

次の瞬間、目の前にいる、つい先ほどまで友人だったうさんくさい女社長とは縁を切った。

「違う違う、違うんです、誤解なんです」

横に並んでいた代理店の男と一緒になって、しどろもどろでビビっていたが、

「二度と、永遠に、私と会長の前に現れないように。まずはその名刺を返しなさい」

と、きっぱりと言い渡した。

また、ある俳優から、

「悪口を言うやつの輪の中に入るべからず」と教えてもらったことがある。

「俺は、黙ってたのに、いつのまにか俺が悪口言った張本人にされて、デマを流されちゃってさ。あの陰険な嘘には参ったよ」

セコい嘘つきは、まわりを巻き込む。要注意。

芸能界は、「人は嘘をつき裏切るものだ」ということをしっかりと心得ていなければ、とてもとても生きていけないところです。

でも、程度の差こそあれ、じつはどの世界でも言えること。

嘘や裏切りにいちいち反応していては、成功への道は厳しいかもしれない。

他人の言葉や行動を信じ切るな。

成功者は、自分の「悪気」を誰よりもわかっている

「身内からまず、裏切るもんだよ」

成功者の決め台詞は、これ。周囲の誰も信用していないということだ。

大会社、不仲の同族会社の内部告発などがこのパターンだ。

誰も信用していない人間は孤独である。まわりの人間が信じられない成功者は〝不幸な〟成功者だ。

思わず苦笑いしたのは、そんな裸の王様社長に長年仕えた秘書が取材中に漏らした次の言葉だ。

「うちの社長はルールを守りません。必ず破ります」

ワンマン経営者にとって、自分が決めたルールは、自分以外の人間をコントロールするためにあるものだ。

自分は常に、ルールの上位に位置している。

皮肉なことに、そんな独裁者の周囲には、常習的に嘘をつく人が多くいる。ボスのご機嫌を損なわず、ボスに気に入ってもらうためには、嘘が必要だからだ。

一般的に嘘つきは、人の顔色を気にするような、気が小さい人間が多い。しかし嘘つきには、瞬時に口からでまかせを言えるだけの才能、ずる賢さがある。嘘のなかに〝少しの本当〟を入れる知恵もある。

みんなから裏で、「社長の犬」と呼ばれていた秘書の男がいた。強力なトップのいる組織には、必ずと言っていいほどこのタイプの人間がいる。

秘書はボスに瞬時に取り入って嘘をつく。ボスは、自分に取り入るための嘘、おためごかしだとわかっているが、放っておく。どうせ誰も信用していないのだから、同じことなのだ。

私はひと昔前まで、「悪気がない」のが悪い人だと思っていたが、最近それは間違いで、その上があることに気がついた。

悪人は、自分の悪気を誰よりもわかっている。

自分の悪気を重々承知して、それを本能的にオブラートに包んで話したり行動したりする。悪気はあるが、相手には気づかせない。

デキる男、成功する男はいつもそうだ。

これまで、大勢の嘘つきを見てきて、彼らのつく嘘を観察してきた。

ちなみに、小さな嘘つきにはパターンがある。要は同じことの繰り返しなのだ。

だから冷静に相手の行動パターンを見ていれば、時間はかかるが嘘を見破ることができる。

また、不思議なことに、時間が経過してからのほうが、嘘を解明することができる。

渦中にいてはわからないことも、距離をおけば、驚くほど一本の線につながってくる。

「時間薬」も使いよう、なのだ。仲間内でも同じように感じる人は多い。

ある男の悪事がバレたとき、面と向かって「嘘つき！」と怒鳴ったことがある。相手は、

「でもね、反省を込めて、この部分だけは嘘じゃなかったんだよ」

と言う。この期におよんで、「この部分だけは」というディテールを主張する姿に、思わず苦笑いしてしまった。

「嘘に嘘を重ねたら、最後はどうしていいかわからなくなっちゃってさ」

人間は、〝得意なことで失敗する〟生き物だ。

言うまでもないが、嘘つきにも、成功する嘘つきと失敗する嘘つきがいる。失敗する嘘つきは、嘘でコケる。

一瞬の気のゆるみから、有頂天になってしゃべりすぎ、相手に情報を与えすぎて失脚するのだ。

また、詐欺の被害にあう経営者がいる。本当に信じやすい、人の好い経営者もいるだろうが、しょっちゅう人に騙される経営者は、えてして、本人も詐欺まがいの商法を行っていたりする。

類は友を呼ぶ。

儲けたいという気持ちが強いから、そこにつけ込まれるのだ。

世の中、嘘つきは嘘つきに騙される仕組みになっている。
こんな話もある。
「あの会社はもうダメだな」と詐欺師が言えば、必ずその会社はおかしくなる。
詐欺師に見放されたら、見込みがないということ。
詐欺師にたかられているうちが花……。
そう、嘘つきは、嘘つきのことをよく知っている。

小物の嘘にはパターンがある。

カリスマ詐欺師がつく嘘には魔力がある

騙す人間は、騙される人間が瞬時にわかるという。

詐欺師は架空の儲け話をつくっては、いつもターゲットを探している。そして、

「絶対損はさせないから」

「お小遣い、貯めようよ」

「今、△△が儲かるのよ」

騙すターゲットに対し、魅力的に、言葉巧みにたらし込んでいく。

表向きは、配当分を返すことにするのがうまいやり口。

たとえば、八十人から総額二十億円集めたならば、十億円は返す。つぎ込んだ額の

半分なのだが、お金が戻ってくるから安心するのだ。

さらには、シーサイドの豪華なホテルにご招待して、いいシャンパンで、ちょっとセレブな催し。

しかし、これも結局は皆様のお金——。

もてなされたほうは、それにすら気づかないのだから不思議だ。

つまりこれが、「騙されている」という状態です。

「彼女は嘘の天才だったね。でも一緒にいてとても楽しかったから、三百万円使わされたけど、騙された気がしないんだよね」

鼻の下を伸ばしたオジサンが目隠しして、テレビの取材に答えていた。

この容姿端麗な詐欺師は、もともと金持ちだった。被害者は二十人を超えるが、それも氷山の一角だという。

女性がたった一人でやるなんて！　とレポーターは驚いていたが、一人でやるのがベストに決まっている。

仲間の人数が少ないほうが、裏切られる確率は低い。自分は自分を裏切らないから。

また、詐欺師は、泣き寝入りするタイプもちゃんと知っている。たとえば、次のような人達――。

●見栄っ張り

●夫に相談できない妻

●金を湯水のように使う人

●「たかだか百万単位の金で騒ぐのはバカバカしい」と考える人

つまり、大金持ちよりも小金持ちのほうが騙しやすいそうだ。

一流のカリスマ詐欺師は、洗練された嘘をつく。一緒にいる人間にとても楽しいと思わせ、口が柔らかくなめらかだ。

魅力というより、もう魔力の域だろう。手を替え品を替え、時流に合わせて新しい手口を考える。

「騙し取った金を埋めておけば、出所したときには悠々自適だよね」

朝のテレビ番組のコメンテーターが話す。詐欺師たちにとって、刑期などは屁のカッパなのだ。

そして詐欺師の連帯感と結束力は固い。情報を漏らさずに助け合うという。そうしないと出所後も詐欺師を続けられないからだ。

サソリに「刺すな」と言っても本能で刺すように、詐欺師に「騙すな」と言っても無理。出所した人間がまた同じ詐欺罪で服役するケースが多いそうだ。

詐欺師や犯罪者に文才があれば、おもしろい小説やエッセイが書けるような気がする。実際、ある有名作家が、刑の確定した詐欺師に、「あなたは絶対作家になるべきだ」とラブコールを送っていた。

それにしても、世の中、真面目がいいと限ったものではないなと思う。むしろ詐欺師まがいの人物のほうが成功しやすいようだ。

たとえ嘘がバレても、逆に相手を脅す。

「こちらには人脈とルートがありますから……」「私は何十年もこの業界で生きてるんだから」などと遠回しに。

一人丸腰で勝負しようとする正直者がバカをみる、そんな世の中です。

真面目に生きれば、心穏やかで幸せになれるかも知れない。

世の中をなめて詐欺師まがいの手練手管を使えば、そこそこのお金が手に入るかも知れない。

さて、どちらがいいのか。その答えは微妙である、と言わざるをえない世の中になってきたような気がする。

世の中そのものが、ある意味で非情。そんな非情な世の中で成功する人間は、詐欺師を超えた存在なのだろう。

あなたは、真面目に生きて幸せになる？

それとも、非情に生きて成功する？

真面目だけでは、「成功」はできない。

第2章

男には、「ニセモノ」と「ホンモノ」の二種類がある

私生活の苦労は、嘘をついてでも隠し通せ

成功する男には、「生活感」がない。

「生活」とは？　イコール日々の暮らし。家計のやりくり、夫婦関係、子供の教育、嫁姑問題などは、ビジネスとはいっさい関係ない。これらに体と頭が乗っ取られていては、ビジネスに集中できず、成功できるはずがない。

「生活感」は体や頭からにじみ出てくるものだが、とりあえずは表面的なカタチを整えることでカバーすることができる。

たとえば、家族とは関係のない趣味や遊びを一人で楽しんでみる。一人で行動する時間を増やすことで、生活の垢《あか》はとれていく。

遊ぶ時間や自分をいたわる時間など、何か達成するごとに自分にプレゼントをしよう。

意外と効果があるのが、派手な服だ。疲れて元気がないときこそ、派手な服を着る。黒いスーツを着ていても、ネクタイはハデハデ。それくらいのことでも、気持ちの切り替えができる。といっても、いつも地味なネクタイの男性には、かなりの冒険かも知れないが。

そして、笑うこと。とにかく、笑う。苦しいときも、笑う。泣きたいときも、笑う。腹が立ったときも笑う。

たいていのことは「笑顔」でカバーできる。生活の垢も、笑顔で落ちる。

古い言葉だけれど、「笑う門には福来る」は、本当だと思う。

成功者は、傷ついた思い出や後悔のある「場所」に、長居はしない。負の過去にこだわると、成功の女神に見放されることを本能的に知っているからだ。

生活の苦労を隠し、笑い飛ばす。これから大きなことをしようと思うなら、つらいことや面倒なことがあっても、その一時間後には次の一歩を踏み出すくらいの勢いがほしい。

「悩みなんか、ないよ」という嘘で、周囲と自分を騙そう。
執着しない、背負わない。
「生活感がない」というのは、そういうこと。
成功者に生活感は無用。
生活の垢を落とすことから始めよう。

生活感をつけるな。

“過ぎたる”ことすら武器にするのが、成功者である

『アラビアのロレンス』は古典的な名画である。主演した名優ピーター・オトゥールには、妙な「こだわり」があった。自分の瞳の色に合わせた、エメラルドグリーン色の靴下を、いつも履いていたのだ。

しかも、そのこだわりは半端ではなくて、寝るときも脱がない。監督のデヴィッド・リーンに「役柄に合わないから、脱げ」と言われても脱がず、危うく大役を降ろされかけたそうだ。結局、そのときは靴下をポケットに入れて演技することで妥協したという。

私が知る成功者にも、「こだわり」の強い人は多い。

ある起業家の話。

五十代の彼、風水にハマってしまい、仕事でも「今日はこの方角が悪いから」と出かけない。ドタキャンもしょっちゅう。ついには、風水上のいい場所を求めて、二年の間に三回も会社を引っ越した。

「あいつは懲戒解雇にしてやったから、このあとの就職も困るだろうな」

と、従業員を制裁して喜んでいるような冷淡な人だった。

ここまでくれば、もう笑えない。

話を戻そう。

「こだわり」が過ぎて、病的にも思える成功者もいる。

歩き出すときはいつも右足から。出社したら机の上のものをいつもの位置に正確に置かないと気がすまない。靴ひもをうまく結べるまでは外出しない。サインをする万年筆は絶対にこれと決めてある。

拙著『成功する男はみな、非情である。』にも書いたが、会社のトップが商談を終えて握手したあと、すり切れるほどに手を洗うのを見たこともある。

「泥棒ほどよく手を洗う」と聞いたことがあるが、やましいことがある人ほど手を洗うという。

ほかにも、財布の中身は必ず百万円。しかもみな逆向きに入れておく。

家に帰るとクローゼットからありったけの服を出し、真っ先に次の日のスーツ選び。決まると安心する。

でも、次の日が雨だったりするともうダメ。パニクる。

二十世紀を代表する大富豪、アメリカのハワード・ヒューズもまた、極度に潔癖だった。一九七六年に亡くなるまでの約十年間は、買収したホテル最上階のスイートルームを完全に除菌してそこで暮らし、ほとんど外出しなかったという。

考えてみれば、私がこれまで知り合った成功者はみな、「思い入れ」が強い。だからこそ、ビジネスの荒波をサバイバルしてこられたのかも知れない。

では「潔癖」は？　成功とどんな関係があるのだろうか。こういう性癖がエスカレートすれば、強迫性障害と診断されてしまう。

成功者になぜそんな人が多いのだろうか。

「潔癖」とは、「極度のこだわり」であり「並外れた集中力」と言えなくもない。そういう性癖のある人が成功するのか、それとも、成功する過程でそういう性癖を身につけてしまうのか。

もちろん「潔癖」は、一般人のなかにもいる。

たとえば「土禁の男」。

自分の車は土足厳禁。車内もピカピカに磨き上げ、座席にはフィルムシートをかけたまま。すこしでも汚れたら、デートもそっちのけで掃除し始める。

こういう人が、かつては少なからずいた。

多少のきれい好きは歓迎されるし、「こだわり」はいい仕事をするためには不可欠。

でも、〝過ぎたるは及ばざるがごとし〟。

「潔癖」も「こだわり」も、〝過ぎて〟しまっては、周囲が迷惑する。

……と、ここまでは一般人の話。

成功者は、周囲の迷惑など眼中にない。だから、〝過ぎたる〟潔癖やこだわりがあっても、放置される。場合によっては、エスカレートしていく。

それでも周囲は、成功者に文句は言わない。それどころか、〝過ぎたる〟ことが、その人物のカリスマ性を高めるのに一役買ったりする。

それが、「成功」というものだ。

〝過ぎたるは及ばざるがごとし〟という価値観のなかで周囲に迷惑をかけない人生を選ぶ？

それとも、〝過ぎたる〟を武器にする孤独な成功者を目指す？

あなたは「何か」にとことんこだわることができますか？

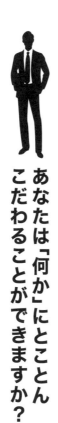

大物は、うまくいっているときほど無口になる

「いまが順調で幸せなら、その幸せを吹聴しないことです」

そう、ある精神科医に教えられた。

「幸せ」だけでなく、楽しいこと、本当にいいことは、なるべく秘め事にしておこう。

「他人の不幸は自分の幸福、他人の幸福は自分の不幸」と言う。

「他人の不幸は蜜の味」とも言う。

他人の不幸と比べ、自分のほうがマシだと安心する心理。その裏返しで、他人の幸せを妬《ねた》む心理……。

だれもがひそかに心の底に持っている、暗い本音ではないだろうか。

「自分は幸せだ！」

「仕事がすごくうまくいっている！」

こんなふうに、あまりおおっぴらに見せびらかすと、その幸せを壊しにくる人たちが集まってくる。

利口な芸能人は、男女交際をギリギリまで隠す。

もちろんスクープされてしまうこともあるが、それでも自分たちの態勢が整うまでは、シラを切る。

おそらく、あれは、経験則として、そうしたほうがものごとをスムーズに運べるということを知っているからだろう。

うまくいっている恋や仕事がダメになったら、裏で喜ぶ人、陰で笑う人が出てくる。

表向きは同情し、心配しているフリをしていてもね。

逆に、うまくいっていない、失敗しているようなときは、口に出してみるといい。きっと、〝ほくそ笑んで〟くれる人がいる。

信頼できる人間とそうでない人間が、よくわかるだろう。

「なぜこんな大事なことを隠してたんですか！」

大物経営者に損害を与えられた人が、非難した。

答えは——、

「隠していたわけじゃないよ、言わなかっただけだ」

言わないことも、大嘘の一つ。

賢い人間は「妬み」の怖さを嫌というほど知っている。

ホンモノの成功者は、酒を飲んでも〝酔わない〟

アルコールが入るとガラリと変わり、正体をなくす男性は、どう考えても大物とは思えない。明るく楽しいお酒で、素面《しらふ》の態度とあまり変わらない、ふだんの延長線上の酔っぱらい方だったら、ほぼ合格。

飲むと態度がでかくなり、大口を叩くのは、これはもう、単に気の小さい男性。ウダウダと暗いグチばかりなら、根の暗い男性。泣き上戸に、笑い上戸……。どちらにせよ、ストレスがたまっている。

理性がぽんと抜けて、口説きまくるような男性も×。

暴力男になるようだったら、論外。110番。

ふだんは優しい気遣い屋だとしても、お酒に酔うと暴力を振るう人がいる。女性を叩いたり、モノを投げたり壊したり。

さらに、本格的なアルコール依存症になると、お酒を飲んでいないときでも、極端に機嫌が良いときと悪いときがあって、二重人格になることもある。

今日はご機嫌かと思えば、翌日はどん底に落ち込む。機嫌良く話していたかと思ったら、トイレから戻ってくるとものすごく不機嫌になっていて、まわりに当たり散らす。アルコール依存症の人は、本当にそのくらいの人格変化を起こしてしまうケースがある。真剣な話、これは本当に注意しないといけない。

酒乱やアルコール依存症は、簡単には治らない。

ほとんどの場合、酒が好きだからという理由で、そうなるわけではない。心のなかに問題を抱えていて、酒に逃げ込むのだ。

タフに見える成功者でも、酒に逃げる人がいる。競争社会の緊張の中で生きているうえに、業績の不振や家庭内のトラブルが重なったりすると、ストレスが限界を超える。

実際、アルコール依存の成功者は結構多く、病気までいけば、成功者の椅子から転げ落ちるのは時間の問題だ。

もちろん、医療や互助会などで立ち直った人もいるが、それ以上に、アルコール依存が治らずに、全てを失った人、は多い。

アルコールに限らない。借金、ギャンブル、薬物、性風俗など、世の中には「甘い罠」がたくさん仕掛けられている。

それらに〝呑まれる〟男になってしまってはいけない。

呑まれてしまっては、たとえ一時期成功しても、つねに転落と隣り合わせだ。

人を騙す側は、酔ったふりをする。

デキる男は、計算して飲む。逃げないで、周囲を見ている。

いつでも「素面」です。

デキる男は「依存」とは一線を引いている。

最近聞いた、嘘のような本当の話

私の尊敬する、有名な脚本家のジェームス三木さんは、事務所にうかがうといつも同じ話を聞かせてくださる。

それが毎回、初めて聞くように笑わせてくださる。

歌手だったときは千人にモテて、脚本家になったら千分の一になったとか、友人たちを集めて『口説き文句コンテスト』をやった話など。

「この次、口説くぞ！」

「君に突き刺さりたい！」

「妊娠させせない。いじるだけ」

「一回だけ、誰にも言わない」(森繁久弥：談)

他にも、

●夫が優しいのではなく、妻が残酷なんだ。

●羞恥心は色気の根源。女性はおくゆかしさ、恥じらいをなくしてはいけない。

という話や、日本語がおかしいという話も。

●語尾をごまかす。同時通訳できない。

●「政府」の問題なのに「国」の問題と言う。「拉致」は「誘拐」だろ。

●ネーミングのつけ方に情緒がない。

最近のネーミングは「音」(語感)を考えていない。「地デジ」など。昔の、「魔法びん」「万年筆」「伝書鳩」には夢があった。

等々、いろいろな名言をくださった。

粋でいなせで、「女性は離婚したら、容形が崩れる」とおっしゃるので、私とアシスタントがバッと手を挙げたところ、「キミたちは打てば響くから面白いねえ」と言ってくださる。

またかつて先生が、一人の女性とは一回しか寝ないと決めておられた頃の話。とあるホステスが部屋に入った途端、耳もとで「この前の私よ」と言われてびっくり。じつは以前にも会っていた女性で、そのときは着物を着ていたが、その日はドレスだったのでわからなかったそうだ。

きわめつけは感想のハガキだ。新刊を送らせていただくと、定型のお礼ハガキを返してくださる。

御礼

【○○○○（本のタイトル）】

（ ）脳天直撃歓喜昇天
（ ）感涙平伏美味絶妙
（✓）温情切々信頼向上
（ ）意向承知友好感得
（ ）関心希薄次回奮起
（ ）当面不要門外放置

と印刷されていて、どれかに✓が打たれて、一言感想が書き添えられてくる。
ここ数年お会いした中で、一番ユーモアのある方だった。

男の価値が問われるのは、冗談やユーモアの質の高さである。

成功者は決して、「数自慢」はしない

いまや好々爺となっている、ある大物経営者のお話。

若いころ、大モテだった彼が友人と「数」を競い合った。

ルールは、なんと「女と寝るのは一人あたり一回のみ」というもの。当然、人数は
ふくれ上がり、やがて銀座のホステスさんたちの間でも有名になった。

「どうせ一回だけなんでしょ？　そんなのイヤよ」

「どこから聞いたの？　そんなことないよ」

軽々と言い、やっぱり一回で終わりにしてしまう。

女性たちに「次の機会」を聞かれると、

「仕事が忙しい」

「帰省することになった」

「出張がある」

など断り続け、

「やっぱりウワサは本当だったのね」

「違う違う、本当に忙しくて会えないんだ」――。

昔を懐かしむように私に話してくれた。

それとは逆に、〝真面目に〟数自慢をする男がいる。

これはだめ。

「俺はそれだけ女性経験が豊富なのだ」と言いたいのだろうが……。

女からしてみれば、「えっ、そんなに相手と続かないわけ?」となる。一人の人と長く最後までつきあえたことがない、と告白しているようなものだ。

それで、女性の深い面までわかるはずがない。

あるいは、セックスだけの関係を求めて、次から次へ女を渡り歩いているのだろうか。セックスだけの関係じゃ、すぐに飽きる。つまり、「恋愛はいらない」というタイプである。

いずれにしても、恋愛ベタということだ。

知人の豪快な女性が言っていた。

「数自慢の男に限って、ワンパターンでヘタなのよね。量より質よ」

特定の相手との恋愛をとことん突きつめたことがある人のほうが、本当の意味で「女性経験が豊富」と言えると思う。

ビジネスでも同じことが言える。

「従業員の数」「支店数」「個人資産の金額」「不動産の数」などの数自慢をする経営者をよく見かけるが、じつは裏で経営が行き詰まっていたりする。マイナス要素（現実）をごまかすために、数で虚勢を張っているのだ。

そもそも、その数が「粉飾《ふんしょく》」かも知れない。

真の成功者には「数自慢」は不要だ。その人自身に存在感があるから。

男女関係の数自慢と、同じ。

女性にもいる。数自慢の人が。じつは裏で寂しい思いをしていたりするものだ。
ちなみに私は、女友達や後輩の女性に、
「経験した男性の数を聞かれたら、三人から五人までにしておきなさい」
と忠告している。素直に答える必要ナシ！
恋愛の数自慢は、恋愛経験が貧しい人。
ビジネスの数自慢は、存在感のない企業や経営者の虚勢のため。

「数自慢」は、ダメ男であることの告白である。

ニセモノの嫉妬や中傷には、細心の注意を払え

見かけただけなのに「会った」、名刺交換しただけなのに「よく知っている」、食事を一度したら「友達」？

こんな迷惑な人、あなたの会社やまわりにもいませんか？

とても不愉快な経験をしたことがある。

ある会社を〝クビになった〟出版プロデューサーが、あちらこちらで「いつかの評判があまりよくない」と触れ回っているらしい。(苦笑)。

しかも、私と「三回飲んだ」「家まで送っていった」という話になっているとか。

真相は、こう。お酒を飲んだのは一回だけで、あとの二回はパーティーで〝見かけた〟だけ。送ってくれたのは彼の上司だった。

この話を教えてくれた人は、「彼は飲んだ席で気が大きくなっただけ」と言っていた。〝飲むと偉い人になっちゃう〟最悪のパターン。

「いやぁね、彼女のことが心配でね。物事ハッキリ言うからさ」

これまでもそうだ。私のことを「心配している」と言う人に限って、じつは心配などしていなかった。まさに、おためごかし、口腹別男。

自戒を込めて言うと、ちょっと気を許すと、陰で何を言われるかわからないのが世の中だ。みなさんも、ご注意あれ。

つきあいの浅い人間とお酒を飲むときは、細心の注意を払ったほうがいい。しゃべりすぎず、飲みすぎないこと。

一方で、何の関係もない人間のさりげない言葉に勇気づけられることもある。たとえば最近、こんなことがあった。

地方講演から帰って、閉店間際のデパ地下に駆け込んだときのこと。

横浜中華街の点心専門店が試食品をお客に配っていた。

「奥さん、最近、花束もらってる？」

とっさの返答ができず、だまっているおばさま。

「これ、俺からの花束、ハイ」

小太りの、たぶんモテないであろうおにいさんが、爪楊枝にシュウマイとニラまんじゅうをダブルで刺して、おばさまに差し出した。

おばさまの表情が変わり、なんともいえない笑顔になった。で、このおばさま、パック二個のお買い上げ！

通りかかった私にも、「ハイ、お嬢さんも、どうぞ！」

人のことは言えない。私も、反射的にシュウマイを買ってしまった。

すると、みるみる人だかりができて、その店の商品は完売！

それが嘘でも本当でも、女の心をつかむ、みごとなお世辞——。

デパ地下での試食付き販売には、優秀な人材が集められていると聞いたことがある。

このときの販売員は将来、大きな仕事をするようになるかも知れない。

ニセモノとお酒をくみかわしても、百害あって一利なし。

ニセモノには、「社長」「先生」と一度でも呼ばれたことのある人に多い。これは麻薬のようなもので、その快感が忘れられないらしい。社長や先生でなくなっても、その後の人生にはくだらないプライドがつきまとう。そのため、人の成功に嫉妬し、中傷するようになる。

こんな人とは、お酒を飲んではいけません。

これに対してホンモノからは、すれ違っただけでもパワーをもらうことがある。

大物は、一瞬のうちに目の前の人物がホンモノかニセモノかの区別がつくという。

これができるのとできないのとでは、大違い。私も修行中です。

悪酔いする 安い酒は飲むな。

「〜でいい」が口グセの男に大きなことはできない

何かを選ぶとき、いつも、

「これでいい」

と言う人がいる。

積極的に選べない人、選ぶことを面倒に思う人、妥協の習慣がついている人だ。

「これでいい」

ではなくて、

「これがいい」

と言うのが、やる気のある男。

自分でじっくり見て比較し、考えて、そのうえで決断し、選んでいるのなら、「これがいい」となるはず。

「これでいい」と言う男性は、人生も女性も「これでいい」と軽く考えているのではないだろうか。

ワインリストやメニューを選ぶとき、「これでいいや」と言う男性は、内心「この女でいいや……」と思っているかも知れない。

仕事でも同じこと。

「他にも選択肢はあるけど、それでもいい」

では、いちばんいいのは何なのか。

「この仕事でいい」「このプロジェクトでいい」という言い方すると、話はそこでおしまい。やる気が感じられず、世の中をなめているような印象すらある。

深く考えようとしない、考えることをやめてしまっている、とも言える。妥協、というのはそういうこと。そのほうがラクだから。

「それでいいよ、君の好きなようにやりなさい」と、ポンと任せるような度量の広い

「で」ならいいのだけれど。

「で」言葉で人を動かすことはできない。つまり、リーダーにはなれない、大物にはなれない、ということ。それどころか、こういう人の器は、どんどん小さくなる一方だと思う。自分で自分の成長を止めている。

本人は、物事に距離を置いて、斜に構えているつもりかも知れないけれど、こういう男性はまず、大きいことはできない。

デキる男は、安易な妥協をしない。自分で考え、自分で決断する。

当たり前ですね。

デキる男は選択にもこだわりを持つ。

自己チュー小心男は、〝懲りずに安い嘘〟をつく

世界の中心に自分がいる、と思い込んでいる自己チュー男。

そういう男は実際は、世界の中心どころか、どこにも居場所がないものだから、家でしか威張れない。

要は、人間が小さいのです。

そういう男は、たいてい目立ちたがり屋で、身勝手なトラブルメーカーだ。

自分本位だから、寂しかったりすると、みんなを巻き添えにする。

女に対する態度は、仕事や人生に対する態度と共通するものがある。自分以外の人間の個性や考えを認めない。だから、本当の恋愛もできないし、仕事でも瞬間的には

成功しても、長続きはしない。

人の話は聞かず、自慢はするが、人を褒めない。自分の都合で話を始め、勝手に切り上げる。

自分の我は通しつつも、最終的にはことなかれ主義で、波風を立てる度胸もない。責任逃れに終始する。

責任逃れのためなら、平気で嘘を乱発し、またその嘘が〝くだらない〟。自分を引き立てるため、子供でも使えるようなお手軽な「安い嘘」をつくのです。

そして、自己チュー男は、けっして懲りない。

女と別れるときも、波風を立てまいとする。保身が第一。だから、自然消滅させようとする。決着はつけず、放置。

無責任に放っておくというのは、嘘をつかずして嘘で固めているということだ。自己チュー小心男の典型的なやり口である。

生身の人間関係を、自分に都合のいいように、ラクに終わらせようとする卑怯なやり方だ。

成功する男は、卑怯だと自覚しながら卑怯なことをする。しかも、それを隠すための演出に長けている。

小心男は、自覚などなく、自分を守るため、反射的に卑怯なことをする。だから、小さな卑怯＝安い嘘を繰り返すことになる。

しかも、「口軽スピーカー男」となる可能性が高い。なにしろ、自分を守ることがいちばん大事なのだから。

そういえば、ときどき有名人の元愛人がこういうことをしますよね。

あなたの周囲にこういう人がいたら、かかわってはいけません。

たとえ現在は成功していても、ニセモノです。

保身のための「安い嘘」をつく男は、やがてメッキがはがれて自滅します。

女に対する態度は、仕事や人生に対する態度と共通している。

三流経営者の「隠れ男尊女卑」は、すぐにバレる

いまどき、あからさまに男尊女卑を唱える男はまずいないだろうが、「隠れ男尊女卑」は、会社でも、プライベートでも、かなりはびこっている。

いいマンションに住んでいたり、成功していたりすると、「バックに男がいるんだろう」。同僚女性の手柄を知ると、同僚男性に対するとき以上に嫉妬する。それでいて、「△△ちゃん」「××くん」と親しげに振る舞う。

いまやセクハラ、パワハラです。

また、それまで仕事で応援していた女性に対しても、ひとたび自分のテリトリーを侵し始めると、とたんに攻撃に転じる。脅威と感じたらダメなのだ。

このような「隠れ男尊女卑」の男性は、一見、女性を公平に扱っているように見える。

「女性は男より劣っているか弱いもの、だから、優しくしなければ」と〝かわいがる〟ことで、男としてのプライドを保っているのだろうか。

あるいは、〝かわいがる〟ことで、公平に扱っているように見せているのかも知れない。

同じ能力を持った人間として、女性を対等に見ているデキる男は、表面上、優しくないことが多い。ズケズケと辛口で、見込んだ女性にはとくに厳しく接する。

つまり、男に対しても女に対しても態度を変えないということ。それが、「女性を対等に考えている」ということなのだ。

大きく育ってほしいと思うのなら、当然のこと。

「この世界で女が成功するのは、男より大変だからね」

そうおっしゃった経営コンサルティング会社の社長さん。でもときには、言いたいことをグッとこらえることもあるという。

「厳しく接しすぎて、つぶれてしまっては意味がない」

さすが、ホンモノは扱いがうまい。

これに対して、三流経営者に多い「隠れ男尊女卑」。

「女性のほうが強い」とか、「女性のほうが優秀」とか「女性の時代」とか、見え透いた嘘ばかり。

女のほうもバカじゃない。デキる女はみな、そこんとこ見抜いています。

女に対する優しさは公平さとは違う。

周囲が〝ひ弱〟ないまこそ、チャンス到来と思え

ふた昔くらい前には、「高学歴・高身長・高収入」の三高エリート男が、イイ男、結婚したい男の代表だった。

ひと昔前には、これが「三平（平均的収入、平凡な外見、平穏な性格）」に変わり、昨今はさらにゆるくなって「四低（低姿勢、低依存、低リスク、低燃費）」になった。

つまり、女性に対して威張らず（低姿勢）、家事を任せきりにせず（低依存）、安定した仕事を持ち（低リスク）、節約家（低燃費）な男性が理想の夫像、ということになったわけである。

ここから読み取れるのは、「私の仕事の邪魔をしないで」という女性の自立の声だ。

いまや「三高」も「エリート」も、完全に崩壊している。

いくら高学歴でも、現代の厳しい実力社会では、それだけではほとんどなんの役にも立たない。

高収入の自営業でも、大会社の社員でも、五年先はわからない。

最近は、「人員整理」は話題にも上らなくなった。それだけ、「整理される」ということが日常化してきているのだろう。

伝統的な企業の倒産や、上場取り消しのニュースにもみんな反応しなくなった。

ここしばらくのうちに、世の中は激変した。銀行マンはかつては「安定した堅い仕事」の代名詞だったが、今や衰退業界の代表だ。十年先はもっと変わる。

であるのに、会社に入るまで、エリート街道まっしぐらだった男たちは、挫折を知らず、逆境に弱かったり、応用がきかなかったり、まわりが見えていなかったり、というケース多い。

会社に入ってからは、どんなに大会社でも世界から見れば狭い。そのなかの仕事や人間関係だけで生きていては、大きく成長する機会は少ない。

そうした人は、いざ世間の荒波に放り出されたら、途方に暮れてしまうだろう。はたから見れば些細な逆境にも、くじけてしまうかも知れない。

デキる男だと思っていた人間が、社外に放逐されたとたんにボロボロになってしまう例は、けっこう見てきた。

ニセモノだった、ということだ。

女性同士で話していて、あるエリート男性の話題で盛り上がったことがある。

恋人でもなんでもないのに、何かと口うるさく彼女の言動を注意してくる同僚がいた。イジメなのかと思って問いただしてみたら、

「オレの嫁さんにするつもりだから、そのままでは困る」

と、驚くべき答えが返ってきたという。

「フラれるのが怖かったから」と、告白もないそうで。

世間で「エリート」と言われている人たちには、このタイプが多かったりする。

エリートコースを歩んできて、一度も挫折を知らない、女性にも断られたことがない。だから、断られることが怖い。思い切ったことができない。

何事においても、自分のプライドを守ることがいちばん大事。〝ひ弱〟なエリートがつく嘘は、「自分は優秀である」ということを他に示すための嘘。

「私は最初からそうなること（トラブルのこと）はわかっていました。いちいち言わなかったのは、当然、現場はわかっていると思ったからです」

すべては、「自分は優秀である」ということが前提。

こんな言い訳をする男性が、魅力的だろうか？　将来、大物に〝化ける〟なんてことは、絶対にありえない。

むしろ、何度も挫折して、逆境から這い上がって来るような男。何か一つ、得意な技を持っている、

その技術には、絶対の自信を持っている職人気質の人。そんな男たちのほうが、ホンモノだと思う。

彼らは、ダイヤの原石なのである。

やがて〝化ける〟可能性がある。

しかし、残念なことに、と言うべきか、最近の若い男性の意識調査では、保守化・

安定志向が強く出てきている。

「同じ会社にずっと勤めたい」「未来は暗い」「努力しても報われない」「能力給を希望しない」「失敗はしたくない」

そんな回答が、グッと増えているのが実情だ。

たとえば、ソニー生命の平成二十九年度の調査では、「社会人1年生の初任給の使い道」は、「貯蓄に回す」が五六・二パーセントとダントツでトップだった。

たしかに、貯金も大事だが、なんだかあまりにせちがらい話。

きちんと社会情勢を見て、おのれの分を知り、その範囲内で楽に生きていこうという、いわば賢明な考えなのだろう。

また、2017年マイナビ新入社員意識調査」によると、「出世したいと思いますか」という問いに、四一・九%が「はい」と答え、それより多い四六・四%が「いいえ」と答えている。

嘘でもいきがって「有名になりたい」「社長になりたい」「世界で活躍したい」などと言うのが若者の特権だったし、実際そうした人が成功を収めてきたと思う。

しかし、考えようによっては、「やる気」のある人にとってチャンスの時代だとも言える。レーンの中央はがら空きだからだ。

「三高エリート」なんてもはや死語である。

あなたはダイヤの原石？

それとも、現実的・安定志向の石炭？

ひ弱なエリートは、プライドを守るためにバカな嘘をつく。

ホンモノの「イイ男」は、例外なくストイックである

「俺って、人とつるまないんだよね……」

気取って、うそぶく男がいた。

レイモンド・チャンドラーの『ロング・グッドバイ』は村上春樹さんも翻訳しているし、浅野忠信主演でドラマ化もされているから、知っている人も多いかも知れない。アメリカを代表するハードボイルド作家で、その作品は数多くの映画の原作にもなっている。チャンドラーの登場人物は、とにかく渋くてかっこいい。

しかしチャンドラーを読むだけでは、ハードボイルドにはなれない。

「俺って、人とつるまないんだよね……」なんて孤独を装う男。そんな男に限って、

女出入りが絶えなくて、いつもモメていたりする。

ハードボイルドの本質はストイックです。

気取るなら、女を口説いてはいけない。

新宿にあるバーのママさんに聞いた話だが、店にやってきて、いつも隅にぽつんと座り、寂しげに、黙って飲んでいる男がいるそうだ。なぜか？

答えは、女を引っかけるため。

「でも、それじゃ、会話にならないじゃない？」

「女から来るのヨ！『……コンバンハ、一緒に飲みませんか？』って！それを手ぐすねひいて待っているわけ」

座る席も決まっている。片隅だが、店のどこからもよく見える場所、だそうで。

たしかに女性は、ベラベラ口説いてくる男は警戒しても、店の隅で一人飲んでいる、どこか陰のある男は、ちょっと気になるものだ。

としても、そういう男性に声をかける女性となると……寂しい、つまらない、なんか楽しいことないかなって感じで、初めから男に引っかけられようとしているのだろう。

つまり、お手軽な女がやってくる、というわけで、どう考えてもハードボイルドにはほど遠い、と私は思う。

水商売で、「利つ子」と言われる女性がいる。「これ」と思った男性に近寄り、自分の不幸な身の上話をして、金を引き出す女性のことだそうだ。

「あいつは利つ子だから、気をつけろ」

そんなふうに言われる女性も女性だが、それに引っかかる男性も、つくづく見る目と節操がないとしか言えない。

やはり男なら、ストイックに気取ってほしいものです。

本当にモテるイイ男は、気取りがサマになっていて、寄ってくる女を無節操にお持ち帰りしたりしない。自分の価値が下がる、くらいに思っている。

そんなハードボイルドなら、仕事でも、ホンモノになれるだろう。

もちろん、成功者が必ずしもストイックなわけではない。病的なほど女性に無節操な人もいるし、金遣いがだらしない成金主義の人だっている。

ただし、晩年にいたるまで名声を保ち続けるような人は必ず、その人なりの、ある種のストイックさを持っている。

好調なときでも、どんな人とも同じように接して、華美に流れない。苦しくて強いストレスにさいなまれているときこそ、手軽な女に逃げたりしない。冷静に資金繰りをし、情報収集と勉強に時間を費やす。

そんなふうに、自分の欲望に負けず、ストイックに自らを律することがデキる男だけが、ホンモノの成功者になれるのだろう。

ハードボイルドを気取るなら、徹底的にハードボイルドになれ。

第3章

モテる男は、「本気」と「ソノ気」を使い分ける

男と女は、少なからず「ご都合主義」である

男女の関係には、「三つの主義」がある。

現実至上主義、恋愛至上主義、そして最後がご都合主義。

これらが絡みあって、男女の関係を作っている。どの主義に重きを置くかは、人によっても違うし、同じ人でも相手によって違ってくる。

私は、このなかで「男と女の関係」のいちばん大きな柱となっているのが「ご都合主義」だと思っている。

どんなにラブラブなカップルでも、どんなに誠実な人でも、「ご都合主義」を男女の関係から取り払うことは難しいようだ。

ご都合主義の得意技は「嘘」。

軽い嘘から究極の嘘まで、嘘で固めた男性、もしくは女性。

嘘をうまくあやつれば、何人もの女性（もしくは男性）と、つきあえる。

先日、すごい話を聞いた。

「これまで私が担当した調査のなかで、同時進行の浮気の数でいちばん多いのは何人だと思う？」

探偵のバイトで「張り込み」を得意としている若い女性が語る。

「教えて」

「十四人同時進行よ！　いままで長いことやってきたけど、こんな絶倫初めて」

その男は四十歳過ぎの医者で、相手は全員看護師。女性の家とホテルを使い分けて、一日二人ずつこなしているという。

ハードなこのスケジュールを無事にやりすごすために、どれだけの嘘をついているのだろう。これはこれで、ある意味大物かも知れない。

依頼者は妻で、さすがに薄々感づいてはいたそうだが、慰謝料をとって離婚するため、というよりは、愛人の存在を確認することが目的だったという。

愛人に子供がいることも黙認しているという、お嬢さんタイプだ。

「で、奥様に十四人だって言ったの？」

「言ったら、倒れてた」

私も一瞬、くらくらめまいがした。

「ま、あとは奥さんの判断だけどね。私たちは弁護士や警察じゃないから、リサーチ結果をご報告するだけの任務。心のモヤモヤを晴らしてくだされば、それで御の字よ。この材料を弁護士にうまく使ってもらうのが目的なので」

今度は彼女が、私の顔をのぞき込みながら、質問してきた。

「いつかさんは、浮気は許す？　私は相手の男のタイプによるけれど」

「私はご免こうむりたいわね。二度と再び永遠に、よ。発覚したら、同じ空気さえ吸いたくないタイプ」と答えたら、突っ込まれた。

「それもまたキッツイねぇ。で、自分がするのはいいの？」

「…………」

だれでも多少はご都合主義。男と女の関係においては、嘘はつきもの。だからこそスリリングで楽しい、とも言える。

色恋で、「嘘はつかないでほしい」という願いは不毛です。それらをすべて承知のうえで異性との関係をつくれる人が、イイ男、イイ女なのです。

もともとが「恋は美しき誤解と錯覚」。

「不倫のドキドキ感がたまらない」と言う人がいることからもわかるように、人間の脳は案外単純で、ジェットコースターやお化け屋敷でのスリルを恋愛にも求める。だから、デートで遊園地に行くのは理にかなっている。

『吊り橋効果』で、スリルのドキドキを恋愛のドキドキと勘違いするのだ。

人の脳もご都合主義。「錯覚」という名の嘘に酔うのです。

とはいえ、色恋に嘘はつきものと考えよ。

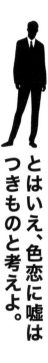

「明るい嘘」のつける男が、女心をつかむ

生まれてから一度も嘘をついたことがない、という大人はいない。

少なくとも私は、お目にかかったことはない。

そもそも、嘘のすべてが悪い、ということはない。

嘘のまったくないコミュニケーションは、ぎくしゃくしてくる。

少なくとも「方便」は、人間関係の潤滑油だろう。

「嘘も方便」の方便とは、じつは仏法用語である。物事を円滑に運ぶためにある程度必要な技術。物事を達成させるために、便宜的に使われることが多いものだ。

嘘は真実をゆがめるが、方便は真実を伝えるのだ。

サプライズも、いい意味での嘘だ。

そのあとに期待するギフトはスマイルである。欧米でもてなしを受けて学んだサプライズ・バースデーパーティーは、一生忘れられない思い出になっている。

それ以来、私は人の喜ぶ顔を見るのが大好きになった。

ほかにもある。

人を悲しませないための嘘。病気の告知を家族がしないことなども、思いやりだろう。

不倫の嘘。真実が残酷な場合もある。

お世辞も嘘の一つ。相手をいい心持ちにさせるワザである。

私はといえば、明るく楽しく、景気のいい嘘が好き。

地方講演先で、おもしろい営業さんに出会った。

「私はきわめて明るい〝後ろ向き〟なんです」と寿司屋でニコニコ話し始めた。

「私がここに赴任している間は、現場の人には、いっさい新しいことをしてほしくないんです。ですから、あの手この手で妨害します」(笑)

一流企業のお偉いさんであるその人は、とても明るく〝後ろ向き〟なことを言い、私を煙に巻きつつ大笑いさせてくれた。

同じ〝後ろ向き〟でも、暗くて自虐的な嘘とは違い、こういう嘘は、案外人の心をつかむものだ。自信があり、その場の空気を読めるからこそ可能な、高等な嘘テクニック。こういう嘘をつく男性は、女にもモテます。

嘘をつくなら、こんな明るい嘘の達人になりたいものです。

「真実があまりにも残酷なときがある」ことを知っておこう。

嘘のような本当の話！で場を盛り上げる

「作家にもいろいろ種類があるが、中でも官能小説は実用書である」

そう教えてくださったのは、官能小説作家で漫画家でもあられるM先生である。

いまは年賀状のおつきあいだけだが、以前はよく個展でお会いした。会場に入ると、一番先に声をかけてくださる。

女好きなのか、私の連れの女性にも、親切に接してくださる。

M先生いわく、官能小説の世界では、妊娠しない。イコール、避妊が必要ない。よってコンドームは存在しない。

また、処女でも感じてしまう。うーん、確かにそうかも知れない。

「女性に必要なものは、知性と品格と羞恥心！　これがなければ女ではありません。ですから、書き方も下品な悪ノリはいけません。人間、怒られたり嫌われたりするのは簡単だが、叱られるのは難しいでしょ」

これは官能だけではなく、実生活にも役に立つのでとても勉強になった。

M先生の会話は、実にユニークだ。

「私はね、いままで『抱いて』と言われたことは一度もないが、『やめて』はよくあります」（笑）

「『こんなの初めて』はありませんが『こんな人初めて』はよくあります」（大笑）

場は盛り上がり、みんなで腹をよじって大爆笑！

「いままでで最高に面白かった喘ぎ声の反応は『なるほど、なるほど』でした。セックスの途中で目が合うのも、ありゃあ困りものですね」

「インサートソングは挿入歌と言いますが、私は挿入派ではありません。だから安心して、気軽に身を委ねてください」

食事の後、めげずにとりあえずお願いすれば、たまにはOKしてくれる女性もいて、常に彼女は二十人くらいいるとのこと。

そんなM先生は、生涯独身を貫かれるお気持ちらしい。

M先生のそばにいると、まるで寄席にいるような贅沢な気分に引き込まれる。

それが嘘でも本当でも、そんなこと、どうでもよくなるのだ。

「男なんか野垂れ死にしたっていい。でも女性は全力で守ります」

と嬉しいことをおっしゃる方で、いつも皆の人気者だ。

まことしやかな官能小説作家のエッチなネタはやはり最高だった。

女性はどんな「嘘」に喜ぶか

「二人で会いたいと思っていたら、僕の願いが天に届いた」

ある往年のビッグスターのセリフだ。

会員しか入れない店（プレスクラブ、アメリカンクラブ）に女性を連れて行き、グアム人の店員に英語で話しかけ、常連度を示す。

「四桁の会員ナンバーなんて見たことがないだろう？」

十時半でオーダーストップでドアに鍵がかかると言われ、

「それは好都合。ドアの内側で、キミと二人っきりになれるね」

と、彼女の前で店員相手にアメリカン・ジョーク。

まぁ、世のビッグスターというのは、これでもか！　と言うくらい、恥ずかし気もなく女性に嘘で固めた愛のシャワーを浴びせ続ける。

「『おやすみなさい』の手前までつき合ってくれたら、君の願いをなんでも叶えてあげるよ（スターの権限で）」が、そのものズバリの口説き文句だったそうだが、これは「寝室は別」ということ。目的を果たしたら自分の部屋に帰ってくれ、という身勝手な話だが、うまくハマれば相手はメロメロ。

手練手管の鑑です！

モテる男は「愛のシャワー」を惜しまない。

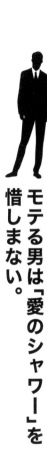

“口ほどにもない男”は、ストーカー予備軍である

スタイリストの友人が語った、恐ろしい話。

「俺をコーディネートしてくれ！　俺のスタイリストになってくれ！」

そう頼まれて、つきあっていた男性と、海外へ行った。

予算など気にせず、プロのスタイリストとして服を選んでほしい、という男の口ぶりに、彼女はやる気を出した。

彼女は、有名ブランドのセールやアウトレット・ショップへ行って、彼の好きなブランド店で、店員さんとコミュニケーションをとったあと、「この人に似合う服を見せてください」と、ズラリと並べてもらった。

そのとたん、彼が急に慌てだしたという。

「おれ、そんなに金持っていないし……」

何が似合うのかなど、見てみなければ、着てみなければわからない。白いシャツを持ってきて、その上にネクタイを並べて選ぶ、これは基本。店も客筋を見るから、本格的な選び方をすれば、いい物を出してくるのだ。

結局、彼氏はちゃんと試着もせず、一着だけ買った。

大風呂敷を広げておいて、口ほどにもない男……。

彼女が別れを切り出すと、その彼氏、騒ぎ立てて抵抗した。そして、ストーカーになった。

何度も何度も携帯に連絡してくる。私と彼女が一緒にいるときにも電話がかかってきた。説得しようとして私が電話に出たら、「君と友達になりたい」と言ってきた。何が何でも別れたくないらしい。

彼女はその後、追っかけてくる彼を振り払うために、自転車で二回はねたという。

その男のことを調べてみたら、やはりストーカーの前歴があった。

ストーカーは、つきまといを繰り返すようだ。こうなると、ほとんど病気の域である。幸い彼女は、それ以上の災難に遭うこともなく、平和な生活を取り戻せたのでよかったが、ストーカー男がまたどこかで女性につきまとっているんじゃないかと、心配になるときがある。

大風呂敷を広げる男は、自分を実際よりも大きく見せようとする。と言うより、自己が肥大してしまって、ギリギリまで「大きな自分」を信じ込んでいる。

だから相手の都合なんてまったく関係なくなり、逆に「彼女には自分がいないと」などと思う人も多い。

「自分を好きにならないのは、相手がおかしい」という理屈で、執着する。

執念・執着というのは、いい方向に向かえば力になるが、まわりも自分も見えなくなってしまっては、おしまいだ。

同じことが、ビジネスでも言える。

いい年をした経営者が、自分勝手な執着でまわりが見えなくなってしまっているようなケースもある。

何事も、〝過ぎ〟てはいけない。努力だって、過ぎれば自分を壊し、まわりを壊す。
成功するために必要な、努力、執着、欲、計算……みな、過ぎれば失敗の元になる。
目標に向かって走るのと、暴走は違う。
野心のある男ほど、自己陶酔に陥りやすい。
あなたは大丈夫？

自信と自己陶酔とは全然違う。

マザコン男は、〝その場しのぎ〟の嘘しかつけない

「古風な女が好みだ」と言う男は、「マザコン」の可能性が高い。「古風な」は、「自分の母親風な」を意味することが多いからだ。

マザコン男にとって、妻や彼女が「もっとも大切にすべき人」になることはない。その座に居続けるのは、死ぬまで「ママ（お袋）とボク（俺）」だから。

知り合いの女性に、こんなことが起こった。

つきあって数年、盆・暮れ・正月と、ほとんど彼の家族と過ごし、そろそろ結婚式の日程を決めようとしていた矢先だった。

突然、彼が、

「ゴメン、結婚できなくなった」

と言い出した。

理由を聞くと、彼の母親が、行きつけの占い師に「結婚すると商売運が落ちる」と言われたからだという。何？　それ。

それを息子に言う母親も母親だけれど、それを覆《くつがえ》さずに素直に従う彼に、彼女は腹が立ったそうだ。

結局、解決しようとする努力も、運に立ち向かおうとする覇気もない男だったわけだから、別れて正解である。

いい年をして母親に従う男は、精神構造は子供。子供はその場しのぎの嘘しかつけない。

だからビジネスでも、その場しのぎの嘘をつき、だれかの同情を買おうとする。「あなたは悪くない」と言われて、やっと人心地。とうてい、信用できる人ではありません。

責任ある立場にある人のなかにも、そういう男性がいるから困ってしまう。

日本には、マザコン男が多いと私は踏んでいる。

産みの「ママ」がいちばんだが、さらに妻の「ママ」、酒場の「ママ」と、三様のママに、わがままを言いながら、クダを巻き、甘えている。

なにかというと「マンマ・ミーヤ！」と言うイタリアよりも、じつは日本のほうが、はるかに「マザコン天国」かも知れない。

マザコン男は、成功しても、ちょっとしたことがきっかけで人格が崩壊したり、転落したりする。転落するときは、人を巻き込む。破滅するにも一人ではできないからだ。

こういう男には、男も女もご用心。巻き込まれ、ヤケドをします。

日本は「マザコン男天国」である。

浮気常習男は、「モテる男」ではなく「浮気したい男」である

ある種の男性は、本命の相手とうまくいっているときほど、浮気をするらしい。うまくいっているから、「わからないだろう」と思って浮気するのだとか。

逆に女性は、彼とうまくいっていないと浮気をする場合が多い。幸せなときに浮気はしない。だから浮気が本気になり、他の男へ走ることが多いと言われている。

「心開けば、股開く」と、ある下町のおばちゃんがスナックで豪快に笑わせてくれた。女性の心を開くことができれば、女性は……という意味だが、果たしてどうなのだろうか。

男性と女性、どちらが浮気に〝向いている〟のかを考えてみた。

女性の場合は、外見がそこそこなら、その気になってアプローチすれば、男性をその気にさせるのはそれほど難しくない。だから、浮気をするとしたら、本来は女性のほうが〝しやすい〟はずだ。

これに対して男性は、女性を口説くために、さまざまな努力をしなければならない。お金も使う。

それだけ考えたら、浮気は〝しづらい〟はず。でも実際は、浮気への敷居は女性より低いようにも見える。

女性は浮気する能力で勝っているが、実行するのは男性より抵抗がある。

男性はいろいろ苦労しなければならないが、実行しやすい。

こうなってしまうのは、日本ではいつのころからか、「浮気は男の甲斐性」「身持ちの悪いふしだらな女」という考え方があって、それが根強く残っているからかも知れない。

ところで、「浮気は男の甲斐性」「男の浮気は、生物学的に見れば精子をまいて子孫を残すため」という「俗説」は、本当なのだろうか。

これらの俗説を前提に、

「最後には、あなたのところに戻ってくるはず。『しょうがないなぁ』と許し、見守ってあげなさい」

などと、アドバイスする「識者」もいる。

それは嘘でしょう。

男性側の勝手な理屈である。

「ほかの女にモテないような男だったら、イヤだと思わないか？」

などと言う浮気男もいるが、この言い訳も苦しい。

いろいろな〝種類〟の男とつきあったことのある女なら、知っているはずだ。「モテる男」が浮気をするのではなく、「浮気したい男」が浮気をするのだと。

女同士の会話で、「彼、モテるから心配でしょ」というのがあるが、「モテる」ということと「浮気」ということには、大きな開きがある。

じつは別次元の話。

どんなにモテるイイ男でも、しない人はしない。

浮気性の男性は、イイ男じゃなくても次々と浮気をする。

「浮気はダメだが、〝浮体〟ならいい」

などと言う男性にお目にかかったこともある。

体は浮気しても、気持ちが離れていなければいい、ということだろうか。

やっていることは同じでしょ。

それから、「風俗店に行くのは浮気ではない」と思っている人が、男性にも女性にもかなりいるらしい。

これも、やっていることは同じ。

いまのご時世、性病が怖い。とすれば、その男性の妻や恋人にとって、風俗がいいのか、一般人相手がいいのかは、意見の分かれるところかも知れない。

そういえば「英雄、色を好む」という俗説もあるが、こちらはどうだろうか。

これは当たっているような気がする。私が知っている限りでも、複数の女性とつきあっている成功者は多いし、妻以外に愛人のいる成功者のほうが、いない成功者より多いように思う。

男性ホルモンと闘争心が密接に関係しているから、という説もあるが、金と地位が大きく関係しているはずだ。お金と地位さえあれば、男としての魅力は少なくても、ある種の女はたくさん寄ってくるから。

ただし、「英雄、色を好む」とは言えても、〝色好みが英雄〟とは限らない。

そこを勘違いしている男性が多いのもまた、事実。

最後に、浮気に対する私の個人的な〝見解〟を。

日本女性には、男性の浮気に対して、

「バレなければいいわ」

「私にわからないようにやって」

「病気は持ってこないでね」

「うまく騙してほしいのよ」

とおっしゃる方が多いのですが、アメリカの女性にはこれは通用しない。というか、

「そんな解釈はありえない」。

私も叔母がアメリカに住んでいた関係で、これには同感。

浮気を知った瞬間から同じ空気は吸いたくなくなり、寝室を別にする。

一本の歯ブラシを、「バレなきゃいい」とあちらこちらで使い回しするような神経が知れません。

「こ〜の、インチキ野郎！」と引っぱたいてシャッターを下ろす、キッツイ女です。

英雄は色を好むが、色好みが英雄とは限らない。

「マメな男」は、たいがい嘘つきである

「マメな男はモテる」と言われている。

いまどきの賢明な女なら、「自分にだけマメに尽くしてくれている」などと信じはしないけれど。

全部とは言わないが、マメな男には浮気男が多いようだ。恋人や妻がいても、出会い系サイトなどで新たな相手を探していたりする。じつに〝マメ〟だ。

そんな「マメ男」は、裏でもマメに画策していて、ヘンなことに気が回るものである。実例をあげよう。

部屋の留守電が点滅していても、絶対、彼女には聞かせないし、彼女がいるときに

聞こうとしない。そして彼女がトイレやお風呂に入っている間に処理。部屋に戻ってきたら、留守電ありの点滅が消えていた……これはあやしい。

こういう男は、仕事でもマメである。ただし、そのマメさは、上司におもねったり、職場の人気をとるために活用されるのみで、大きなことはできない。

嘘も〝マメ〟につくし、信用できないタイプと言える。

……と、ここまでは小さな男の話。

じつは、成功者のなかにもマメな人はいて、それを武器にのしあがってきた人物もいる。一度会った人間の顔と名前をきちんと覚え、こまめに礼状を出し、末端の従業員にまで気を遣うようなタイプ。

一般人から見れば、「よくできた人だ」「義理人情に厚い人だ」となる。

だが、成功者同士は、そうは見ないだろう。それほど〝マメ〟であれば、裏でも、〝マメ〟に権謀術数をめぐらして動き回っているのは確実だからだ。

つまり、いずれにしても、周囲からすれば「信頼できないタイプ」だ。「マメな男は嘘つきである」というのは、ビジネスにおいても言えるかも知れない。

また、マメで計画的なあまり、ボロを出すこともある。

手帳や携帯電話で、浮気相手の女性を男性名にしておく。でも調べられたら、すぐにオカシイとバレてしまう。

この店は信用できるからと、何人もの女性を同じ店に連れていく。でもその店にとっては、相手の女性のほうがお得意さんだったりすることもある。

マメと几帳面は少し違うが、経営者にはきっちりとした几帳面な人が多い。そういう人は、動きをつかまれやすい。しかも潔癖で強迫神経症的な面も強いとなれば、それだけで弱みである。

過剰な几帳面主義は人生のマイナス。

何事も臨機応変でなければ、成功はつかめない。

〝マメな男〟は、裏のこともマメである。

火遊びが、人間の幅を広げることがある

ある男性が言った。

「短期間の〝いいとこ出し〟なら、いくらでもできるよ」

これは嘘つき男の本音であろう。

そして罪悪感がない――。むしろサービス精神旺盛で、自分は奉仕したと感じている。女性を「いい心持ち」にさせる芸者顔負けのテクニックだ。

男性は嘘をつくとき目をそらすが、女はじっと目を見つめ返すという。しかし、嘘つき男は嘘をつくときでも目をそらさない。

これは、成功した男性にも言える。

「女を守る」騎士道にあこがれている女性や、「さらわれたいお姫様願望」がある女性は、歯の浮くような台詞とはわかっていても、じっと見つめられると、その言葉にコロッと騙されてしまう。

ホストクラブにハマった人たちは、口をそろえたように、「私の話をよく聞いてくれる」「いい気分にさせてくれれば、お世辞でも嬉しい」と言う。

そして、冷たい男が急に優しくする、そんなギャップにも弱い。

「あの人、本当は、いい人なの」。このセリフ、どれほど聞いたことか。

恋愛中の人間は、男性でも女性でも目が曇っている。だから、単なる「情緒不安定」や「わがまま」が、「ギャップの魅力」と化してしまうのだ。まさに恋は盲目！

嘘つき男がいちばん活躍するのが、浮気の現場である。

浮気相手に「今夜、君と一緒にいたい」と言うのは、「永遠ではなく、今月今夜のいま、君と一緒にいたい」という意味だ。これは、「本気」ではなく「ソノ気」である。

浮気男（もしくは浮気女）は、「本気」と「ソノ気」を無意識のうちに、うまく使い分けている。

男性（もしくは女性）の火遊びは、男性（もしくは女性）の幅を広げる。うまい嘘をつき、人をソノ気にさせる術を鍛えることになるからだ。ことの善悪と被害者感情は別にして。

だから、ますます「女（男）たらし」となり、モテる。

「いかにソノ気にさせるか」が成功に直結する仕事の一つに、水商売がある。

「嘘で固めた水商売。言うこと弁護士、やること詐欺師」

これは名言だ。

相手をソノ気にさせて騙しても、罪悪感がない。

本気とソノ気を使い分ける浮気男（もしくは女）も、そうなのだろう。

罪悪感を抱きながら浮気をする男性は、大物にはなれない。

罪悪感なしで浮気がデキる男性は、恋愛はできない。

浮気男(女)に罪悪感はないと心得よ。

風俗で〝安く〟あげている男は、一人よがりのセックスしかできない

男性の場合、お金さえだせば性欲の処理場はけっこう用意されている。女性だって、ムシャクシャ、イライラして、「スッキリしたい！」というときもあるけれど、そういう場はかなり少ない。

ここが大きな違い。

ある経営者が話してくれた。

「男性のセックスには〝限界がある〟から性風俗のシステムが成り立つ。女性相手では、とても営業を続けていけない」

なるほど。

「男性の性欲が強いから性風俗のシステムが成り立つ。女性の性欲は弱いから成り立たない」ということではないのです。

なかなか、興味深い話ですね。

それはともかく、問題は、お金で処理ばかりしていると、ひとりよがりのセックスしかできなくなってしまうこと。

風俗通いが過ぎて、自分からは何もせず、されるだけの「凍ったマグロ男」なんて、陰で言われている場合がある。

いくら、お金があって地位と学歴と身長が高くても、これでは「男」ではない。やはり男と女、セックスの中身は大事だろう。セックスがよければ、多少のことには目をつぶれるものかも知れない。

風俗で処理すれば、恋愛で傷ついたり、不倫にハマったりするリスクがない。

トータルで考えれば〝安い〟処理方法だ。

「いまどきの若い男は風俗にも通えない」

なんていう〝嘆き節〟を、大人の男性諸氏から聞くことがある。

もっとも昨今の若い世代の彼らは、風俗どころか性交渉すら面倒がるチェリーボーイも多いという。

いずれにせよ、安易な道より苦難多き道を歩くほうが、人生に幅とコクが出て、深く広くなるものです。

お手軽にすませて「凍ったマグロ」男になるな。

成功者がモテる理由は、〝お金以外〟にもある

いま日本では、所得格差の問題が叫ばれている。

じつはこの格差社会――恋愛にもじわじわと浸透してきている。

国立社会保障・人口問題研究所の二〇一五年の調査。十八歳から三十四歳で、性体験のない人は、女性が四四・二パーセント、対して男性が四二・〇パーセントで、前回調査（二〇一〇年）より性体験のある人の割合が男女ともに減少しているとのこと。

このままだと、やがて三十代の男性の四人に一人は、結婚できなくなるらしい。もともと男性の人口が女性よりも多いし、女性のほうで「無理して結婚しなくても」と

いう意識が強くなっているそうだ。

こうなるともう、恋愛格差社会。男女ともに、恋愛という「シンドイ」ものに対して二の足を踏む傾向があるそうで、モテる人ばかりがモテるという結果になっているそうだ。

つまり、考え方を変えれば、「モテたい」という意識を強く持てば、恋愛を成就させられる可能性は高い、と言える。〝恋愛に踏み込めない〟のが、いまの若い世代の大勢なのだから。

ならば、まず踏み込んでみるべきでしょう！

その入り口となる考え方を一つ。

「もし複数の相手から誘われ迷ったなら、ルックスや態度よりも、心地良い声の人を選びましょう」

これは、大脳生理学の専門家からお聞きしたこと。

「美しい、すがすがしい声」ということではない。自分にとって「心地よく」響くかどうかが大事なのだ。

もちろん「話し方」も大きなポイント。

女が寄ってくるのは「ルックス」「お金」「地位」だけではないのです。

成功者がモテる理由も、「お金」だけではないのです。

成功した自信から、堂々とした物腰になり、話し方にも影響してくる。

「言っていいこと」と「言ってはいけないこと」をつねに意識しながら話すため、〝落ち着いた〟話し方になる。言葉を選びながら話せば、声のトーンも低くなる。

風格あるその話し方が、女心をそそるのです。

話し方を変えれば人生が変わる、という趣旨の本も出ているようだが、成功者たちを見ていると、まさにそうだと思う。

ところで、欲望肯定主義宗派の生臭坊主から、おもしろい話を聞いたことがある。

「〝あのとき〟の声は、おばあちゃんになっても変わらないんだよ」

豪快に笑ってそう言った。

ふうん、そうなのかも知れない。見かけが変わっても、声はそう大きくは変わらないものだ。

とくに、本能をさらけ出しているそういうときの声というのは、確かにそれほど変わらないのかも知れない。

声は重要だ。

さらに「話し方」となれば、目と同じくらいに、「人となり」を示すものです。

「声と話し方」が モテのポイントである。

DV男は、「土下座」という名の大嘘をつく

暴力グセのある男性は、恋でも仕事でも友人関係でも、かかわらないのが身のためだ。暴力がクセになっている人は、男女問わずいるが、男は、本気になれば腕力では女に負けないから、女に対する暴力の敷居は低い。だから、多い。

女でも、泣きわめいたり叩いたり、髪を引っぱったりといったことがクセになっている場合がある。こちらも、つきあっていてもろくなことはないので、近づかないのがいちばん。

彼らが暴力を振るえるのは、相手が自分より腕力が弱い、立場が弱いから。相手が反撃してこないことがわかっているから。

現在では、DV防止法があるから、たとえ相手が夫や恋人でも、警察などに相談すれば保護してもらえたりするが、問題は、被害者のほうがそこまで踏み切れない場合だ。世間に対してみっともない、という理由もあるだろうし、相手に対して愛情がある（もしくは、そう思い込もうとしている）ために、表沙汰にすることを躊躇しているのかも知れない。

警察に連絡できるようなら、関係は切れるかも知れない。だけど、そこまでに至らないケースのほうが、ずっと多い。

暴力グセのある男となかなか別れられない女性の話を聞くと、相手の男が暴力を振るったあとに、土下座をして謝るのだという。そうすると、情にほだされて許してしまうのだ。

専門家に聞くと、暴力と謝罪を繰り返すのが、DV男の典型らしい。

土下座という大嘘にだまされてはいけない。

成功者のなかにも、暴力グセのある男はいる。大物の「離婚」の背景には、そんな秘密が隠されているのかも。

一流の経営者は、仕事でアメとムチをうまく使い分ける。暴力を振るったりせず、陰で叱る。皆の前で怒ってしまったら、あとできちんと謝る。それ以上に、人を褒めるものです。

成功を目指すなら、女性に対しても当然そのような態度でいたいもの。いざというときに普段の自分が出るものですからね。

デキる男は、自分の衝動を完璧にコントロールする。

「デキる女」とつきあえるかどうかで、男のランクが決まる

「女の時代がやってきた」と騒がれた時期があった。もうずいぶん昔の話。

結局、「女の時代」という名のトレンドであり、幻想だった。

私が働くマスコミ界でも、「女の時代」は一度もきていない。女性ライターや女性記者や女性編集者が多いので、〝女が進出している〟ように見えるが、内実は非常に封建的で、女の地位が低い。

たとえば、「仕事を選ぶなら人並みの結婚や出産はあきらめたほうがいい」と女性社員に忠告していた男性が、自分に子供ができたとたん、「母親を経験していない女なんて認めない」と、手のひらを返したりする。

私が十代後半でこの世界に入ったとき、コピーライターの先輩から、男は大きく分けて二種類いると教えられた。

まず、「女なんか」「女のくせに……」が本音で、はなから女性を蔑視している男性。たとえば会議の場なら、女性の発言をまともに聞かないタイプ。

もう一方は、女性を「人間」として対等に見られる男。一緒に仕事やつきあいができて、何の差別もなく仲間として接することができるタイプ。

後者の男性は、いまだ圧倒的に少ない。

女をチヤホヤする男には、前者が多い。そして、たいていは「決めつけ男」である。何事につけても「△△とは、こういうものだ」という型にはめて物事を考える。

賢明な女性なら、恋愛に限らずあらゆるシーンで、そういう男は最初から対象外。一人ひとりの個性を無視して、〝女を定義〟していることで損をしているのは自分なのだが、彼らがそれに気づくことは少ないだろう。

つきあう女のレベルが高ければ、男の価値は上がる。「あんなに頭がよくて仕事がバリバリで、しかもイイ女。彼女が惚れるなんて、よほどすごい男に違いない」と周囲が認める。

では、レベルの高い女の関心を引くにはどうすればいいか？

簡単です。男に対するのと同じように〝対等に〟接すること。相手の能力を認めること。デキるキャリア志向の女は、そういう男に弱い。

あなたが本心でどう思っているかは問題ではない。本心から〝対等〟なら、なおけっこうですが。

嘘でもいい。徹底して女性を〝対等に〟扱うこと。

これはことに起業家を志す男には、絶対に必要な視点である。

起業して成功している人たちは、うまいことこの手を使っているものです。本心かどうかは別として。

チヤホヤされて喜ぶ女性は「その程度の女」である。

〝スキのない〟男に、恋愛は向かない

恋愛は、「スキマのエロス」と言える。

スキマに心奪われるのが恋なのだ。

「守ってあげたい」「スキだらけで放っておけない」といった心理。

いつも身なりを整えている人が、一瞬見せるスキ。たとえば、ボタンが一つはずれていたり、髪が一筋乱れていたり。

タフな人が、ふと見せるスキ。憂いに満ちた視線、さびしそうな横顔、小さくもらす溜め息。

いつもはポンポンポンと弾む会話が、ふと途切れたり、無言のうちに一瞬目が合ったり。

そして恋心は、「さびしい」「せつない」という心のスキマに入ってくることもある。

世の中には、〝恋愛に縁がない〟人がいる。

簡単に言ってしまえば、〝モテない〟人。

どういう人かというと、〝スキのない〟人。

これは、男性にも女性にも言える。

たとえば、女性から見て、「あの人は絶対に恋愛（結婚）できない」と思えてしまう男がいる。

見た目は、さしてイイ男ともいえないけれど、悪くはない。仕事は真面目で、同性の友人もいる。なのに、なぜかモテない男性がいる。

それは、何事においても自己完結していて〝スキがない〟から。

炊事、洗濯、何でもできる。お金も持っていて、仕草や服装にもスキがない。

自分の考えをしっかり固めていて、〝人の言うことは聞くが考えは変えない〟。

百点満点と思えるような人だ。

でも実は、決定的な部分が欠けている。

しっかり一人でやっているから、まわりの助けなどいらないように見られてしまうのだ。だから人の輪が広がらない。人脈ができない。もちろん女性も、「私なんか必要ないわよね」と、心を寄せてこない。

人の気持ちに疎いこともありがちだ。料理を取り分けてあげなかったり、サポートする気持ちがなかったり。

自分は自分、他人は他人とはっきり分けているからかも。

つまり自己完結している人は、総合力として弱いのです。

こういう男性は、恋愛に向かない。

だから、モテない。

「スキマの美学」。

これ、重要です。

では、成功者はどうか。

ビジネスではスキがない。そうそうスキがあったら、成功しない。だが、人間としてスキがないかと言うと、そうではない。

スキ(好き)になったら
スキ(隙)を見せよ。

信頼する人間や、特別な関係になる女に対しては、ふっとしたときにスキを見せる。

普段とのそのギャップが、相手をとりこにする。

心理学でも、人間は、相手の内面の深い部分まで見せられると好意を持ってしまう、という実験結果がある。

大事な局面ではスキを見せず、ふとしたときに見せるスキ。

「スキ見せ手法」は、恋愛だけでなく、ビジネスでも必要な視点です。

第4章

強い男と女には、「不純な動機」と「強がりの美学」がある

強い男は、「フェードアウト」で逃げたりはしない

多くの男性は、女と別れるとき「自然なフェードアウト」を望む。なかなか別れられず、ズルズルと引きずることもある。

でも、強い男なら、〝バッサリ〟と切る。

女関係だけではない。仕事の人間関係や友人関係も同じ。普通の男は、フェードアウトさせようとするが、強い男は〝バッサリ〟。

「裏切られた。どうしたらいい？」

私はよく、〝切られた〟側の相談を受ける。相談の内容は、恋愛だったり、ビジネスだったりといろいろだが、人間関係の基本は、同じだと思っている。

「傷だらけになる覚悟で、とことん突きつめるべきよ」と、アドバイスする。

疑問に思うことや、これまで聞きたくても聞けなかったこと、どんな些細なことでも、この際、徹底的に、できるだけクールに追及すること。その過程で、それまで隠されていた二人の間にあった、ボタンのかけ違いが表に出てくる。

その結果、その人間との「決別」を覚悟したならば、恨みがましいことは言わずに、今後の対策を練るべきだ。衝動的に動かず、計画的に行動する。そうでないと、相手に翻弄《ほんろう》されることになる。

また、「過去」との決別も必要だ。

水泳選手は、折り返しでキックしてターンすると、しばらくは潜水している。そしてターン地点から、十メートル以上も先の水面にパーンと飛び出す。

同じように、決別のターンをしたら、「過去」をできるだけ遠くへ蹴り飛ばすこと。

そして、水の中に潜っている間に、しがらみを全部振り捨ててしまおう。

キック&ターンで、自分を変えるのだ。

そして、水面下でバタつかせている足は、けっして人には見せない。

これは、「強がり」という「美学」です。

「強がり」はやがて、本当にその人を強くする。人間として幅や深みが出てきて、次には、もっといい出会いがやってくると私は思う。

それでも、どうしても「過去」に未練があるようだったら、一度徹底的に悲嘆にくれて、落ち込みまくってしまうのもいいだろう。こんなチャンス、滅多にない。

友人のアメリカ女性は、失恋したその晩はガンガン泣く。とことん泣いて涙を出し切ってしまえば、夜明けがやってくる。

その翌朝は、もう泣かない。カラッとして、

〝Next one!〟（次へ行こう！）

心の膿を出し切らないから、グズグズと、尾を引くのだ。

人間、生まれるときも死ぬときも、一人。

だから一人は怖くない。すんでしまったこととは、きっぱりと決別する。

これが「強がり」、いえ「美学」。そう思う。

「強がり」とは、「自分の心に嘘をつく」こと。

「嘘」のなかでも、最も有意義な嘘だと、私は思います。

そういえば、〝バッサリ〟と切る側の成功者にも、「強がり」が多い。外からは、そんな様子はわからないかも知れないが、至近距離で見ていると、よくわかる。

「あ、この人、強がってる」

ただし、彼らが大物たるゆえんは、その「強がり」が周囲の人には「ホンモノの強さ」に見えることだ。

〝バッサリ〟と切るとき、彼らの心がまったく動かないわけではないだろう。周囲には「冷酷」としか見えなくても、じつは〝自分の心に嘘をついている〟という場合もあるはずだ。

大物は、〝自分の心に嘘をつく〟のが得意なのです。

成功する男は「キック&ターン」で過去を振り切る

成功者は、「燃える下心」を人知れず持っている

新しいことを始めるなら、動機は不純でもいい。いや、むしろ不純なほうがいい。

なぜならば、〝不純な〟ことのほうが人間を強く突き動かす力があるからだ。

ミュージシャンでいますよね、「モテたいからバンドを始めました」という人。あれ、です。

「お金を儲けるため」「女にモテるため」「高級車を買うため」などが、不純な動機。

不純な動機とは、言いかえれば「燃える下心」です。

なかでも、「金持ちになりたい」という動機がいちばん多いだろう。

何か達成したいと思うとき、無謀、野望、願望、希望が現れる。

無謀はリスクでいっぱい。お勧めできない。
野望、願望、希望の「三望」が強ければいい。
これらを抱くには、不純な動機、つまり「燃える下心」が必要なのだ。
きれいごとを言うだけで終わらせてはいけない。
成功の波に乗るまでは、〝不純な〟エネルギーに乗っていこう。

ピュアであることを自慢する男は「お子ちゃま」である。

チャンスをつかむ男は、三回までに〝決める〟

「いい年をして」と言うけれど、「いい年」とは、何歳からを言うのだろうか。

「あなたの年代でしかできないことをしましょう。その年代での、最大のチャンスをつかんでください」

若いころに、ある大学教授から言われた言葉で、いまも強く心に残っている。

そして現在も、いまの私の年代にふさわしい「チャンス」があると考えている。

あなたは、どうですか？「まだ若いから早すぎる」とか、あるいは逆に、「もうこの年では無理」とか、思っていないだろうか？

二十代は、無理のきくとき。言われた仕事は何でもこなして、何でも勉強して、本をたくさん読んで、力をつけるとき。何をやるのでも、この年代に踏み出しておけば、あとあと絶対に有利だ。成功者の中には、この年代で起業して、成功する人も少なくない。

自らチャンスを生みだせる年代ですね。

三十代は、勝負どき。責任ある仕事もできるようになり、やりがいが出てくる。他社からの引き抜きがかかるのもこのころから。プライベートでは結婚適齢期でもあり、AとBのどっちを選ぶか、あるいは選ばないのか。そんなふうに迷う場面があるはずだ。チャンスが目の前にぶらさがる年代であり、人生の「迷いどき」である。

四十代は、結果が出てくるとき。仕事でも結婚でも、これまでの結果が見えてくるだろう。といって、「まだ結果を出せていない」「もう間に合わない」などとあきらめることはない。「後半のスパート」「後半の粘り」「最後のビッグチャンス」の年代であることを忘れないでほしい。

プライベートでは、妻や子との関係が変化してくる年代。浮気が多いのも、この年代らしい。心理学者によると、自分自身に向かい合う「第二の思春期」とか。

ならば、仕事、結婚、人生と真摯に向かい合って、バッチリ〝決め〟よう。

この年代になると、「リミット」という言葉を使いだす人がいる。考えてみれば、リミットがあるから火事場の馬鹿力が出るのだ。

リミットがきていることはチャンスと考えて、絶対にあきらめないで！

男女の関係では、三回目のデートまでに進展がないと、恋人未満で終わってしまうといいます。

チャンスは三回。

これは、すべてのことに当てはまるかも知れない。チャンスを逃すのは二回まで。三度目は絶対にものにしたいもの。

チャンスは突然現れて、あっという間に消えていきます。

女優志願の人を紹介されたことがあった。こちらは親身になって、いくつかの舞台公演へ誘い、役者や演出家にも紹介するつもりだった。

しかし彼女は、そんな誘いを毎回断ってきた。

「その日は用事があって」「お稽古ごとがあって……別の日ならいいんですが」

その繰り返し。いつも「都合が悪い」。

こういう人は、来年の今月今夜も、再来年の今月今夜も、日の当たらない同じ道をとぼとぼと歩いていることでしょう。

勝利の女神には前髪しかない。後ろは、ツルツルの坊主です。

目の前にチャンスが現れたときにつかまなければ、あとの祭り。

思うに、チャンスは、すべての人間に同じように訪れていたのではないか。

チャンスをつかんだのか、つかまなかったのか。

「やらなかった」のか「やれなかった」のか、成功するかどうかのいちばん大きな違いは、そこにあるのかも知れない。

「リミット」はチャンスである。

そこはもう、割り切って！達人は心得ている

映画関係者と何人かで飲んだ席で、今は亡き、ある俳優さんが自分の女性関係を話し始めた。彼には、妻以外に十五人の彼女がいるという。

「だから、一人と月二回しか会えないんだ！」

つまり毎日、女を欠かさず、ということですね。

彼はまた、一つだけ自分のなかで決めているルールがあると言った。

「彼女がどんなにかわいくても、〝愛している〟とは絶対に言わない」

「罪になるから」と言うのだが、これ、不倫している男がよく口にするフレーズですね。

しかし、その努力のかいなく、結局は離婚したそうです。

男性が二股、三股、十股をかけたり、不倫にふけるのには、いろいろな理由があるだろう。会っていて楽しいから、いろいろな女性を知りたいから、話を聞いてくれるから、妻にはないものを持っているから……。

中には、「そういう関係が好きだから」と言う人もいる。しがらみもなく、先のことを考える必要もないから、楽なのだろうと思う。

このタイプは、男性にも女性にもいる。

また、二人の関係が秘密だったり、なかなか会えなかったり、倫理に反することだったりするほうが、〝より燃え上がる〟という人もいる。「禁断の果実」ですね。これも、男女ともにいる。

「不倫は特権階級のもの」と言っていた作家もいた。確かに、自由になるお金や時間が十分なければ不倫はできないはずなのだが、最近は割り勘で、奢《おご》る男性も少なくなってきているようだ。

「不倫の大衆化」とでも言おうか。

長く不倫関係を続けるには「割り切り」が必要だという。

「割り切り」って何？

ある知人男性の発言。

「美人で、頭がよくて、スケベな女が、最高だ」

そんな、すべてを兼ね備えている女性は、まずいません。

男性もそれを承知で、割り切って、一人の女性にすべてを求めるのではなく、切り分けた自分の願望を複数の女にそれぞれ割り当てようとするのだろう。

連れて歩きたい若くてかわいらしい女性、セックスの相手にふさわしい女性、妻、有能なアシスタント……など。

もっとも最近では、女性も負けてはいない。「都合のいい女」という言い方があるけれど、私の周囲を見ても、「都合のいい男」もいて、どっちもどっち。

服飾メーカーの男性デザイナーが、部長職にまでなっていた女性と、長年不倫関係にあった。

その服飾メーカーでは、彼のブランドがいちばんよく売れる。なぜかと言えば、不倫関係にある女性部長が、尽力しているから。

同じ会社だから、仕事にかこつけてデートができる。会社の上層部の情報が入ってくるし、彼の作品を売るために、彼女がいろいろと画策してくれる。

これはもう、「都合のいい女」の最たるものですね。

では、彼女の視点からこの関係をながめたらどうだろうか。

彼の作品が売れることは、会社にとってもよいこと。それをバックアップしている彼女の功績にもなり、彼女の評価も高まる。

どんなに立派な「座右の銘」を掲げている成功者でも、女性関係はお盛んだし、ビジネス（金儲け）においても容赦がない。その「割り切り」のすごさは、凡人の想像をはるかに超えたものがある。

都合の悪いことが起これば、さっさと人のせいにするのが成功者の行動パターン。

極端な話、通りがかりの人のせいにだってする。

自分にとってマイナスになることは第三者にかぶせるという「割り切り力」があるのだ。

彼らにかかったら、女性を使い分けることなど、朝飯前だろう。

成功者を見ていると、お金儲けの手法、女性関係、信条に、一貫性はない。
これらを冷徹に分けて考えることなくして、成功はないのかも知れない。
一般的にはよしとされている「一貫性のある人間」「筋を通す人間」が成功するのは、
非常に難しいということです。

デキる男は、女子力をうまく使いこなす。

野心のある男は、〝女性に〟安住しない

まずは、男と女の一般論から。

彼女とテレビや映画を見ていて、同じところで笑えますか？

男女の仲は、何よりも、かみ合うことが重要。

それを逆手にとって、「かみ合わないな」などと言って、わざと〝かみ合わない〟ようにふるまって別れようとする男もいるくらいだ。

同じ部屋に二人でいて、気を許し合える。別々のことをしていても気にならず、心地よい空間を共有できる。

「うまくいっているカップルなら当たり前のこと」と言われそうだが、本当にあなた

は、彼女（彼）と一緒にいるときに、緊張せず、リラックスできて、カッコ悪い姿も彼女（彼）に見せられるでしょうか。

もしも、彼女（彼）と二人きりのとき、どこか構えている、緊張感が残っている、と感じたら、彼女（彼）を信頼しきれない理由がどこにあるのか考えてみるべきでしょう。彼女（彼）のほうなのか、それとも、あなた自身に原因があるのか。

うまくいっているカップルは、しゃべり方や笑いのポイントが、最初は違っていても、つきあっていくなかで似てくる。

そうなれるカップルは、間違いなく相性がいい。

気が合う、水が合う、肌が合う、馬が合う、そりが合う、波長が合う。たとえ周囲からどんなに不釣り合いなカップルと見えているとしても、実際の相性はバツグンなのだ。

そして、二人して同じようにくつろぎ、笑い合える。

おたがい、「楯」を下ろして無防備になれる。

そんな関係が、理想だと思う。

さて、ここからが本題です。

一般に、私たちは男女の関係にこのような「安らぎや落ち着き」を求める。落ち着ける相手を一生の伴侶に選んだり、不倫相手に選んだりする。その傾向は男のほうに強く、だからこそ「安心してくつろげる家庭がほしい」「おまえといるとほっとする」などという決まり文句が存在するのだ。

だが、「成功したい」という強い野心のある男は、女と一緒にいるくらいでは〝落ち着かない〟。

「家族に引きずられたりはしない」

これはある成功者のセリフ。

男と言っても、ひとくくりにはできない。

百八十度違う価値観があるのです。

だから、成功者と向かい合うときは、自分の価値観は通用しないと思っていないと、相手の考えや行動は理解できない。

しかし実際は、「相手も自分も同じ人間だから」という楽観を前提に野心家とかかわり、ケガをする人が少なくない。
私は、その現場をこの目で見てきている。
あなたは、やっぱり〝落ち着きたい〟?
それとも、その誘惑を振り切って成功したい?

野心家は本心から「リラックス(安堵)」などしない。

金で愛は買えないが、金は女の「呼び水」にはなる

世の中の七割のことは、お金で処理できる。

成功者の多くは、そう口をそろえる。実際に処理できているし、お金の力で人が動く日常のなかに生きているからだろう。

当然のことながら、男女関係にもお金が強く影響する。

「愛」だけで結婚する人は、かなりの少数派である。

それが証拠に、男の側は、きちんと就職してからでないとプロポーズしないし、女の側は、収入のない男性とは結婚しようとしない。

結婚してからも、男が失業したり借金をつくったりすれば、立派な離婚理由になる。

逆に、金持ちの男（女）と結婚した女（男）は、愛がなくても離婚しようとはしなかったりする。

どんなにきれいごとを並べても、男女の関係の多くが「お金」に支配されていることは明らかである。

それがわかっているからこそ、男たちは「金儲け」に目の色を変える。

たしかに、そうだ。成功した男性の中には、「お金がなければ絶対にモテない」と断言していいようなタイプもいるが、実際は〝女性には不自由していない〟。

女性のほうも、それを百も承知だ。

ホステスがもらう報酬には、本来のサービス料のほかに「我慢料」「迷惑料」「嘘つき合戦料」も入っているという。好きでもない男（どころか、ありえないタイプの男）のグチや自慢話を、笑顔で聞いてあげるのだから、当然の報酬である。まさに「夜の大人の保育園」と呼ぶホステスもいる。

言いかえれば、心からかどうかは別として、成功しさえすれば、女性の笑顔を欲しいままにできるというわけ。

お金で「愛」は買えないが、お金は、モテるための「呼び水」になる。それが現実です。

さて、ここまで読んで、あなたはどう思った？

この「お金と愛の法則」に抵抗がないようなら、成功者に向いているかも知れない。

抵抗があるのならば、成功者には向いていないかも知れない。

「一に成功、二に金儲け、三、四がなくて、女は別枠」

こんなマフィアの言葉がある。

まさかあなたは、そのような成功を求めているわけではないでしょう。でも、成功するということの一面には、こうしたトーンがあるのも事実。

あなたは、ここまで冷徹に考えられますか？

金に照れると金が逃げる。

逆玉に乗っても、「マスオさん」では終わるな

成功するためには、ある時期、〝恥も外聞もなく〟野心を実現することに集中しなければならない。

成功したあかつきには、〝恥も外聞も〟思い通りになる。

「あの人ならしかたない」「彼ならそのくらい当然だろう」ですんでしまうのだ。

成功には、そんな〝すばらしく不公平な〟副産物がついてくる。だから、「成功するためには手段を選ばず」という人間がいるのも無理はない。

たとえば、いわゆる「逆玉」。お金や地位のある女性、もしくは、お金や地位のある人の娘と結婚すること。

これは、成功への近道と言えるだろう。

ただし、本人に力がなければ、玉の輿に乗っても、単なる「従順なお婿さん」、へたすれば「種付け馬」で終わってしまう。

成功への道は、逆玉という手を使っても、努力なしでは難しい、のだけれど。

知人の編集者が、当時付き合っていた彼女と結婚することになり、彼女から「おばあちゃんに会って」と。連れて行かれた先は、都心&駅近のタワーマンション。一人暮らしと聞いていたので、(すごいところに住んでるなぁ……)と驚きつつ、高層階にあるお宅へ。

「孫の、どんなところが気に入ったのですか」

などの儀式をクリアして、切り出されたのが、

「このマンションにもう一室持っているから、そこで暮らしていただけないかしら?近くにいてくれるといつでも孫に会えるし、私も心強いから」

というありがたいご提案。

かくして彼は、家賃タダで、会社へのアクセス抜群の、超高級マンションからご出

勤できる身分になった。

逆玉に乗れたら、うまくことを運ぼう。

ただし、逆玉逆玉と血まなこで求めているような心がけでは、まず成功することなどできないと思いますが……。

「逆玉男」は、力がなければただの「種付け馬」である。

ケチ道だけでは、決して大物にはなれない

昔、仲間たちとバリ島へ旅行したときのことなのだが、現地で「おこづかい帳」をつけている男がいた。

その人は友達の彼氏だったのだが、表紙がアニメ系の手帳に何やら書いているので、のぞいてみたら、現地のレートでお金の収支をつけていたのだった。

さらに、「この旅行のために定期預金を解約した」と騒いでいた。

いますね、こういう恩着せがましいケチな男が。

そんな彼でも、彼女には毎月、小物などをプレゼントしていたそうだが、この話にはオチがある。プレゼントはすべて、ネット通販で格安で売られているものだった。

メルカリ好きな友達にその話を聞いた彼女は、大ショック。

結局、この二人は、別れました。

「ケチじゃない、金がないだけだ」と開き直る男もいる。

お金にケチな男（もしくは女）は、愛情もケチります。

もちろん、節約は悪いことではないし、不要なことにお金を使わない精神は成功には必要なことだ。ここで言う「ケチ」というのは、次のような人のこと。

●**口はたくさん出すが、金は少しも出さない人**

●**場や状況に関係なく〝割り勘主義〟の人**

●**お金を出すと必ず見返りを求める人**

●**人生の節目で大きなお金を使えない人**

時折、「ケチ道」で話題になる経営者がいる。訪問客にお茶を出さないとか、社内の明かりを消してまわるとか。では、そんなケチ道だけで成功するのかと言えば、世の中はそれほど甘くないだろう。

成功するには、思いきった投資と徹底した節約のバランスが必要だが、その経済感覚は、〝何に対してもお金を惜しむ〟ケチとは似て非なるものだ。

〝何に対しても〟お金を出さないならば、一般人でもできる。決断力や直観力が必要ないし、勝負をするわけでもないからだ。

つまり、これは、〝ただのケチ〟です。

だから、「ケチ道」だけの経営者は、きっと小さな会社の経営者どまり。「大物」にはなれないし、「成功者」とも言えない。

徳川家康など、ケチで有名な成功者は歴史上にもいるが、詳しく調べてみると、使うときには使っている。しかも巨額を。

使いどころを知らずにケチる男は、仕事も恋も人生もうだつが上がらず、〝ケチ〟どまり。

「損して得取れ」を実践しよう。

「いい人」とは、「存在しない人」という意味である

「あいつは尽くしがいがない」なんて嘆いている男性のグチを聞かされたことがある。いくら優しくしても、こまごまと気を配っても、彼女が振り向いてくれないそうで。「そんなことをグチるくらいなら、ほかの女を見つけたらどうなの！」

そう言いそうになったけど、やめた。言っても聞かないタイプの人だったので。

女に優しくするのはいいが、加減のわからない男性は多い。

彼女の〝手下〟となって尽くしまくって、その結果が、「退屈な人」なんて言われて、捨てられてしまっては何にもならない。

似たようなケースは、結構あるんじゃないかと踏んでいる。

私は、男でも女でも、「世話好き」というのをあまり信用していない。じつは、そういう人は、相手を対等に見ていないことが往々にしてあるからだ。求められる以上に過剰に世話を焼く人は、世話を焼くことで相手を「支配」しようとしている。

本人は意識していなくても。

そういう人は、世話を焼いてあげた相手に対して、

「これだけやってあげているのだから」

と見返りを求め、

「あれだけ尽くしたのに」

などと、後々、恨みごとを言ったりするものだ。

しかも相手は、そんな過剰サービスなど望んでいない。むしろ、「うとましい」と思っている。

だが、世話を焼いてくれる人に冷たくできないのが人情だから、「うとましい」という代わりに、「いい人」などと言ったりする。

これ、マイナス評価ですよね。

ただの「いい人」は、「存在しない人」と同じです。

世話を焼かなくなっても、誰も何も言わない。集まりに顔を出さなくても、誰も何も言わない、誘われない。

たぶん、周囲は〝ほっとしている〟に違いない。

「いい人」は、「どうでもいい人」の入り口です。

「いい人」だけの人は、「成功者」とは対極にいる人です。

経営コンサルタントがクライアントを獲得するときのワザの一つだが、まず相手の企業理念を貶《けな》し、ムッとさせる。

そのうえで、どこが悪いのか、どこがいいのか、どうすればいいのかと話を進めていくという。

デキる人間は、親切にして好かれようなんて、はなから思っていない。必要なのは、自分の力をアピールし、相手を引き込む力なのだ。

世話を焼く「ケ」のある人は、自己分析してみましょう。

それは何のため？
何かから逃げていませんか？
人の世話を焼く時間があったら、自分の人生としっかり向かい合いましょう。
「自分の頭の上のハエを追え」とは、よく言ったものです。

デキる男は、恩着せがましく世話など焼かない。

成功は、最大の復讐である

「劇薬」は、扱いを間違えれば「毒」だが、リスクを承知で使わなければならないときがある。

劇薬を使わなければ治らない病もあるのだ。

ビジネスも同じ。

劇薬を使わなければ、取り返しがつかなくなる局面がある。

一流の経営者は、劇薬の使い方がうまい。これに対して、普通の経営者は、副作用のない弱い薬ばかりを処方するから、いつまでたっても事態は改善しない。やがて、会社はつぶれるか、本人がお役御免となる。

ビジネスで劇薬が必要になる場面は、人事がらみだろう。従業員をやめさせたり、更迭したり。これは一歩間違えれば、社内の雰囲気を悪化させて社員のモチベーションを下げるだけで終わってしまう。

最悪の場合は、裁判沙汰になる可能性だってある。返り血を浴びることもあるだろう。

でも、すべてのリスクを承知でその劇薬を使わなければ、会社が死んでしまうとしたら？

あなたには、劇薬を使う勇気があるだろうか。

使い古された表現だが、ビジネスは戦場である。

戦いたくない人間は、人員整理というリスクにおびえながら、普通のサラリーマンをやっていればいい。

だが、勝ち残りたいのならば、劇薬くらいは使えなければだめだ。

非情と言われようが、「ひどい人間だ！」とののしられようが、やるしかない。

ことの厳しさを理解せずに、口だけで善人発言する人は、放っておきましょう。彼らがあなたの足を引っぱることがあるかも知れないが、それにいちいち反応する必要はない。無頼派でいることです。

あなたを裏切って、批判する側に回る人間もいるだろう。それも放置。怒りが収まらなくても、成功するまでは我慢。

成功してしまえば、彼らはあなたの足下にひれ伏すしかないのだから。

勝てば官軍。成功は、最大の復讐です。

劇薬を使えないのならば、撤退せよ。

「成功者」と「強い男」は、必ずしも一致しない

ある作家が言った。
「私はグリーン車には乗らないんだ。読者が見えなくなってしまうからね」
なるほど！　すばらしい作家魂！
感心したあとで、気がついた。
その方、グリーン車に乗っている姿しか見たことがない……。
なんと〝創造性のある嘘〟でしょう。してやられました。
また、お笑いの大物芸人さんの話。
彼はお酒が好きでよく飲みに出かけるのだが、

「若くて金がなくても、いい店でいいものを食え。安い居酒屋で大騒ぎしてちゃ、いつまでもモノの価値がわからない人間で終わるぞ」

つねづね、そう後輩芸人に厳しく指導していた。

そして後日。後輩は、昭和の匂いたっぷりの、サラリーマンがごった返している安居酒屋で、赤い顔をしてニコニコしているその大先輩を見つけたとさ。

なんと芸人らしい嘘でしょう。これまた、やられたね、と痛快な嘘です。

成功者の嘘には、こんなにかわいらしく心和むものもあるのだ。

ただし、彼らがいつも、こんな楽しい嘘だけをついているかどうかは、また別問題。何度も書いてきたように、成功者は、おしなべて「嘘つき」である。事業で成功するには、方便としての嘘は必要だし、大物になればなるほど、嘘なしの人生はありえない。

成功すると、「芝居」をしなければならなくなる。じつは劣等感の固まりだったりする成功者もいるが、とくにそういう人は大芝居を打たなければならない。

その芝居に必要不可欠な小道具の一つが「嘘」なのだ。

だが、「嘘をつかない」も武器になることがある。

「私は、五十歳で嘘をやめた」

私が尊敬するある男性が、こう宣言した。

「嘘をやめたら、強くなった」とも言う。

それは、わかるような気がする。

一度嘘をつくと、その嘘をごまかすために、三十の嘘を重ねなければならないと言われる。言葉通り、まさに嘘の上塗りだ。

しかも、その嘘を覚えていなければならない。普通の頭なら、途中で辻褄《つじつま》が合わなくなる。

三十の嘘の辻褄を合わせることができて、しかも、そのストレスに打ち勝っているのだから、嘘つきの成功者は「芯が強い」と言える。

しかし一方で、まったく嘘をつかずに生きていけるとしたら、それも「強い」と言える。実際、「嘘をやめた」宣言をした冒頭の男性は、強い男であり、いまも私が敬愛する男性であり続けている。

でもね。

「じつは俺、嘘はつけないお人好しなんだ」

「バカ正直だから、損をしている」

これは、まったく別次元のお話。

嘘をつこうが、つくまいが、だれも傷つけることなく生きることなどできない。嘘をついても傷つく人はいるし、嘘をつかなくても傷つく人はいる。真実ほど残酷なものはないから。

そういう残酷な現実があるのに、「嘘をつけない」「バカ正直」と胸を張る人がいるとしたら、何もわかっちゃいない。

つまり、

「嘘をつくのは悪いこと」

「人を傷つけてはだめ」

「人に迷惑をかけてはだめ」

「人を踏み台にしてはだめ」

そんなことを口にする人は、「成功者」でもないし、「強い男」でもない。つまりは〝ただの人〟。

残酷な現実に目をつぶっているか、それとも、現実を見ようとしていないのか、そのどちらかです。

人間の本性や世の中の現実と、冷徹に向かい合える人間だけが〝強く〟なれる。

そして、そのなかで、嘘を使いこなせる人間が「成功者」になれるのだろう。

強くなりたければ「残酷な現実」と向かい合うことだ。

あとがき

「嘘をついてはいけません」

たしか、子供のころにそう言われて育ってきたはず。それがいつのまにか、だれしもが小さな嘘を重ねて大人になる。

「なくて七癖」と言うが、嘘がクセになっている人も多いのではないかと思う。


人は思わず嘘をつく。

保身、虚勢、傲慢、ごまかし、いじめ、嫌がらせ、嫉妬、方便、思いやり……。

最近世間を賑わせた結婚詐欺師の言い訳は「この頃、物忘れがひどくて」だった。

昭和の代名詞である「記憶にございません」というのもあった。

嘘の正体はさまざまだ。

「大きな嘘を一つつけるのが小説家」とも言う。

ルールがないと日本人は動けないと言われるが、私が知る成功者は、「己がルール」である人が多い。

「独裁者でけっこう。ルールも法律も私なのだ」と。

それでも、嘘さえも魅力の一つに見せてしまう成功者がいる。「嘘つき」と軽蔑されるどころか、人気者にもなる。

「作られたカリスマ」も存在するということ。


私自身は、数多くの嘘の達人（成功者）と接するうちに、どうやら嘘が大嫌いな人間になってしまったらしい。

私は自分の性格を、素直ながらもひねりが入っている、と思っている。だから、笑えない嘘は重い。

嘘から生じる、不安感が嫌いなのだろう。

嘘は、人を生かしも殺しもする。

本書から、成功者の「孤高の嘘」の凄みを感じ取っていただければ幸いです。

2018年8月吉日

いつか

＊本作品は、『成功する男はみな、自分の心に嘘がつける。』（だいわ文庫）を加筆・改訂したものです。

著者紹介

いつか

東京都生まれ。元コピーライターでマーケティング、ネーミング、商品開発に携わる。2003年に『別れたほうがイイ男 手放してはいけないイイ男』（PHP研究所）で作家デビュー。『成功する男はみな、非情である。』（PHP研究所／だいわ文庫）と共にベストセラーとなり、アジア各国で翻訳された。近著に『一流のサービスを受ける人になる方法』（日本経済新聞出版社／光文社文庫）『ガラスの天井のひらきかた』（KKベストセラーズ）『わたし幸せじゃないの？』（経済界）など、恋愛・結婚についての辛口エッセーや、ビジネスマンの成功と孤独に焦点を当てたビジネス書など、電子書籍を含め50冊を超える（「角川いつか」として上梓した著書多数）。世界50カ国以上を駆け巡り、各国、各界に多彩な人脈を持つ。日本アカデミー賞協会会員。

●いつかオフィシャルサイト
http://www.itsuka-k.com/

男《おとこ》の「嘘《うそ》」の磨《みが》き方《かた》 〈検印省略〉

2018年 8月 27日 第1刷発行

著　者――いつか
発行者――佐藤 和夫

発行所――株式会社あさ出版
〒171-0022 東京都豊島区南池袋2-9-9 第一池袋ホワイトビル6F
電　話 03（3983）3225（販売）
03（3983）3227（編集）
FAX 03（3983）3226
URL http://www.asa21.com/
E-mail info@asa21.com
振　替 00160-1-720619

印刷・製本（株）シナノ

facebook http://www.facebook.com/asapublishing
twitter http://twitter.com/asapublishing

ISBN978-4-86667-096-6 C2034